U0946308

2017 年度河北省社会科学发展研究课题（编号 201703040105）成果

河北省中小学生研学旅行发展研究

张亚卿 著

燕山大学出版社

2017 · 秦皇岛

图书在版编目（CIP）数据

河北省中小学生研学旅行发展研究 / 张亚卿著．—秦皇岛：燕山大学出版社，2017.5
ISBN 978-7-81142-416-4

Ⅰ．①河… Ⅱ．①张… Ⅲ．①中小学生－素质教育－研究－河北 Ⅳ.①G631

中国版本图书馆 CIP 数据核字（2017）第 112849 号

河北省中小学生研学旅行发展研究

张亚卿 著

出 版 人：陈 玉
责任编辑：孙志强
封面设计：朱玉慧
出版发行：燕山大学出版社 YANSHAN UNIVERSITY PRESS
地 址：河北省秦皇岛市河北大街西段 438 号
邮政编码：066004
电 话：0335-8387555
印 刷：秦皇岛墨缘彩印有限公司
经 销：全国新华书店

开 本：700mm×1000mm 1/16 印 张：13.25 字 数：200 千字
版 次：2017 年 5 月第 1 版 印 次：2017 年 5 月第 1 次印刷
书 号：ISBN 978-7-81142-416-4
定 价：28.00 元

前　言

古有孔子、孟子、荀子等大教育家周游列国讲学，西汉司马迁、唐代诗人李白、明代旅行家徐霞客等云游四方求学，“读万卷书，行万里路”是古人的一种人生追求；今有研学旅行，学生以集体旅行、集体食宿的方式走出课堂、走出校园，走向社会、走向自然，让教学“活”起来，让课堂“动”起来，拓展视野、丰富知识，增强学生的创新精神和实践能力。现如今，研学旅行成为教育热词，得到家长、学校、教育界和旅游业界学者的关注，得到政府的重视。“读书”与“行路”是互补的，是“知”与“行”的有机结合，“行路”理解为在实践中学习，在感受中感知，“行万里路”就是多接触自然、社会，多进行生活实践；只有在“行路”过程中眼观耳识，才能更好地体会“读书”的乐趣，更好地理解书中的知识，促进书本知识与生活经验的深度融合，最好的课堂在路上。

随着我国教育模式由“应试教育”向“素质教育”的转变，研学旅行作为一种传统而现代的素质教育手段被广泛关注。从社会教育角度而言，旅游教育功能的研究有利于促进社会教育资源创新，促进社会教育发展。2013 年 2 月，国务院办公厅印发《国民旅游休闲纲要（2013—2020 年）》，提出“逐步推行中小学生研学旅行”的设想；2014 年 8 月国务院办公厅印发《关于促进旅游业改革发展的若干意见》，明确要将“研学旅行”纳入中小学日常教育范畴。2012 年年底，教育部开始实施中小学生研学旅行试点工作，首批试点城市确定为苏州、合肥、西安，2013 年分两批在安徽、江苏、河北等 8 个省(区、市)启动研学旅行试点工作，2014 年 7 月教育部印发《中小学学生赴境外研学旅行活动指南（试行）》，规范中小学生境外研学旅行活动。在研学旅行试点工作的推广过程中，既总结积累了一些经验，同时也暴露出了一系列问题，缺乏安全问题、资金问题、政策问题等问题的顶层机制设计，还有现行应试教育体制下学生升学压力大、研学旅行产品的深度和广度有待深入研发等问题，亟待探索完善。

河北省是全国研学旅行试点省市之一。河北省内环京津，是中华民族的重要发祥地之一，历史文化底蕴深厚，兼具高原、山地、丘陵、盆地、平原，地形类型齐全，具备发展研学旅行的硬件条件——丰富的研学旅行资源。截至 2014 年年底，河北省 900 多万的中小学生形成潜力巨大的研学旅行市场，研学需求旺盛，再加上省教育局和省旅游局的政策支持、导向，以及各旅游相关企业的积极参与、承担、付出，河北省开展研学旅行研究的实践价值和理论意义日益显现。从旅游业角度而言，挖掘河北省旅游资源的社会教育功能，以社会教育功能理论为视角开发研学旅行产品，培育旅游业创新发展的增长点，提高旅游资源的利用价值，有利于实现河北省旅游产业的可持续发展。

作为一个“新生事物”，研学旅行到底能带来什么？研学旅行究竟应该怎样开展？到底怎样的旅游产品才可以切入到教育里面？这些统统是我们必须要面对的实际问题。由于我国地域广阔，各地的经济发展水平和教育水平又千差万别，受条件和水平限制，研学旅行的研究范围和应用具有一定的区域性。本书作者虽阅读和参考了大量的国内外文献，但由于本身知识结构、能力水平的局限，以及时间和精力有限，加之有些资料和数据难以获取，在某些研究方面的论证和分析还有待进一步深入，书中难免会有错误和不妥之处，望读者批评指正。

作者

2017 年 4 月

目　　录

第一章　研学旅行起源与概念

一、古代研学旅行——游学

“读万卷书，行万里路”是古人的一种人生追求，“读书”与“行路”是互补的，是“知”与“行”的有机结合。“行路”理解为在实践中学习，在感受中感知，“行万里路”就是多接触社会，增加生活实践，能将“读万卷书”与“行万里路”结合起来的也只有游学。游学是世界各国、各民族文明中，最为传统的一种学习教育方式，内容与形式丰富多样，在世界各国历史文献中都能找到有关于游学经历的记载。古今中外大量杰出人物的传记，清晰地记录了他们在青少年时期拥有过的游学经历，李时珍、徐霞客、马可·波罗、达尔文、哥伦布等名家都是靠“行路”在研究领域取得重大发现，或写出了宏伟巨著。

（一）古代西方的游学

古希腊、古罗马是欧洲文明的发祥地，古代西方哲学家、科学家、社会学家的求知研学旅行最早在此兴起。毕达哥拉斯、阿基米德、亚里士多德等圣贤都是在周游列国的交流、考察、讲学中形成著作和学术思想的；耶稣各地传教、诺贝尔游历俄美、达尔文环球考察，都从游学当中受益匪浅。中国历代王朝接待来自欧洲、日本、琉球、俄罗斯、高丽、交趾等国家人员来华游学，极大地促进了不同文化思想的融合发展。马可·波罗在元朝任职、游学 17 年，以自己的亲身经历写成著名的《马可·波罗游记》，清雍正六年（1728）在国子监中设俄罗斯专馆，都透露出古代东西方游学交流中所蕴含的丰富信息[1]。

由于古代西方特殊的自然地理和人文环境，与东方人多在成年之后游学不同，西方人大都在少年时即开始游学。亚里士多德 11 岁时即外出求学；乐圣莫扎特 6 岁时就随父亲和姐姐周游欧洲；法国启蒙思想家卢梭幼年丧母，从未进过学校，但很小就走遍了全瑞士，并到过法国很多地方；近代美国前总统富兰克林·罗斯福 3 岁时就随父亲到欧洲旅行，5 岁到白宫晋见克利夫兰总统；华尔街金融霸主 J.P.摩根从少年时代就开始游历欧美。广泛的游学，锻炼了他们适应环境的能力，使其拥有了精湛的学识和远大的胸怀，成就了他们的辉煌人生。

（二）中国古代的游学理论

游学是从古至今长盛不衰的学习、文化交流的方式，历史文化底蕴深厚，中国古代文人的“游学”就是现如今的研学旅行。游学的出现和形成是在春秋战国时期，历经各朝代发展至今，几乎影响到政治、经济、文化等各个方面和社会的各个阶层，游学在中国历史文化发展过程中占据重要地位。

在中国古代的游学历史上，首先提出游学理论的是先秦时代的诸子百家，尤其是儒家与道家，早期儒家的游学思想更受欢迎，从东汉开始，道家的游学思想则更普遍[2]。“仁”是儒家思想理论的核心，提出了“父母在，不远游，游必有方”的思想观点。儒家思想轻自然，重人伦，主张“父母在，不远游”，同时也提出迫不得已远游者，应有明确的出游方向和计划。在仁学的基础上，儒家又提出了“君子比德”的思想理论，源于孔子《论语·雍也》中的“知者乐水，仁者乐山。知者动，仁者静。知者乐，仁者寿”[3]，“君子比德”说的实质是自然美依存于社会美、人格美，自然山水只有在人化之后才能体现美的艺术，才能具有类似仁人君子的品格特征，游学时应该“尚理轻情”，重功利，轻审美，奠定了儒家自然审美观的基础。道家则认为自然本身便是一种完美的状态，无须经过人化的过程，提出了“逍遥游”的游学思想和自然审美观，即“天地有大美而不言，四时有成法而不议，万物有成理而不说”[4]，自然状态是和谐而有规律的，并蕴含着内在美的状态，顺应自然，回归自然，主张自由自在、无羁无绊的游学宗旨。

作为游学的最早实践者和游学理论的建设者，以儒家为代表的“仁学之游”与“比德之游”、以道家为代表的“逍遥游”，及佛教的“成就犹如狮子”，都遵循“天人合一”、人与自然和谐统一的自然规律[2]，对后代的游学活动和游学思想理论产生了深远影响，为后世普遍所接受。

（三）中国古代的游学分类

虽然历代对游学的政策不同，但游学现象在先秦到清朝的历代史料中均有所记载。中国民间自古以来，格外看重游学对人格养成和知识形成的引导作用，游学是中国古代比较常见的教学方式，主要分为教师周游讲学和学生出外游学两种[5]。

第一种，教师周游讲学。对古时的大教育家来说，周游讲学是他们传播其教育目的、教育思想、教育内容的方式之一，孔子、孟子、荀子等大教育家都曾在周游列国中教育学生。孔子周游列国，被视为游学精神的鼻祖。公元前 497 年，孔子与鲁国季氏出现不和，为推行“仁政”的政治主张，率领众弟子开始长达 14 年周游列国的漫漫征途，直到 68 岁才回到鲁国。孔子在游历中体悟人生，并将各种体悟随时随地传递给追随的弟子，对弟子的人格养成和知识形成都起到举足轻重的作用；而且在游学过程中，事事皆有启发，可谓处处皆为吾师，创立了以仁为核心的道德学说，孔子去世后，众弟子追忆孔子的日常教训和生活情况，整理成《论语》，成为儒家的经典。

第二种，学生出外游学。从史料来看，游学在春秋时期到战国时期就开始盛行，此后各代都不同程度地存在游学的现象。读书与游学是古人养气的两大前提，古人学习的一个传统就是云游四方，拜访各地知名学者，仆倒行礼，愿充门下，或是当面请教不解难题，探讨交流不同观点。古代学子云游四方非常辛苦，伴随的绝不是游山玩水的视听享受。游学前需要有丰厚的知识积淀，需要做大量的前期准备工作，带着问题出发；游学中要实地考察，不断思考所见所闻，下至浅显的民生世俗，上至哲理层面的生死本源，在游学中不断明确游学的目的和意义；在游学中或结束后，激发创作灵感，创作出文学、艺术、绘画等各个领域的经典作品。众所周知的西汉太史公司马迁20岁时，从京师长安南下漫游，遍访江淮流域和中原地区，考察所到之处的风俗民情，采集传说，为《史记》的创作打下了重要的基础。唐代诗人李白25岁从四川绵阳出发辞亲远游，一生客居异乡没有家园，为后人留下了大量的经典诗歌作品。明代地理学家、旅行家和文学家徐霞客一生志在四方，22岁正式出游，直到54岁逝世，绝大部分时间都是在旅行考察中度过的，足迹遍及现今21个省、市、自治区，观察记录所到之处的各种现象、人文、地理、动植物等状况，经30年考察撰写成60万字的《徐霞客游记》，开篇之日即5月19日被定为中国旅游日。晋代高僧法显、唐玄奘西去印度研学佛法、求取佛经也流芳千古，唐高僧鉴真东渡日本，传播佛教文化；沈括自幼随父四处游历，成年后亦四处游学，著有《梦溪笔谈》；此后的陶行知也倡导研学旅行，并积极推动新安小学的14名学生组建中国首个少年儿童抗日团体——新安旅行团，作全国性的长途研学旅行。

（四）中国古代的游学动机

古代游学盛行，出游有求知与求仕两种动机，“求知”表现为“通晓经术”“交结名儒为师”，“求仕”表现为“学而优则仕”，在游学活动中促进学术文化交流，造就了一批学识广博的经学大师，同时又有利于国家维持思想统治的稳定[2]。从周游列国的孔子，到遍访各地的司马迁，从郦道元、李白到李时珍、徐霞客、顾炎武，无不在游学中汲取中华文化的精髓，成为一代大师。

游学作为古代社会士人、僧侣、贵族子弟等一种远道寻师求学、传播学术思想的重要文化活动，在中国历史上有着重要的作用和广泛的影响。中国古代的科举制度，赶考的士子要远离家乡，长途跋涉，历尽千辛万苦，完成一次游学的过程，把社会考察与读圣贤书相结合，得到一次从书斋到治国安邦的升华。受当时政治、经济、文化等社会大环境的影响，游学在各个朝代各具特色，但游学所经历的艰难困苦与人生体验，是走马观花式游学无法比拟的。在“互联网+”的时代，足不出户便可知天下事，但现代人只是了解知识，堆砌知识，一般不去探索现象的本源，未能做到融会贯通，没有得到最深的智慧。在游学中增加阅历，磨砺意志，给学习者一种对于知识的态度，这是我们需要向古人学习的。

二、研学旅行的概念

研学旅行是旅游项目中的古老品种，古中国、古希腊、古罗马的科学家、社会学家、教育学家游历名山大川、古城遗址、文化古迹，游与学相结合，“读万卷书、行万里路”就是经典写照。研学旅行是教育与旅游相融合的一种社会活动，“因学而游，在游中学，学游结合”是研学旅行的真正精髓。研学旅行是一次教育方式的创新，与传统的学校教育不同，把学生带离校园、带离课堂，或者说，把生动鲜活的社会生活、生产实践、文化艺术、自然环境等融入教学活动当中，感受最原生态的“源教育”，是更接近原初意义的一种学习方式。

（一）国内外研究概述

1.国外研究

目前国外研学旅行开展成熟，相关研究主要集中在研学旅行过程中的见闻综述，也有研学旅行管理方面的文献，相关的研究文献达到几千篇。见闻综述的如，美国学者 Belle Wei 和 Jacob Tsao（2007）介绍了 San Jose State University 到亚洲国家进行全球科技创新研学旅行活动的安排[6]；Alison L. Kitson 等（2001）在《Approaches Used to Implement Research Findings into Nursing Practice：Report of a Study to Australia and New Zealand》一文中以研学旅行的方式，考察了澳大利亚和新西兰地区将研究成果如何在护理工作实践中进行贯彻[7]。理论研究如，Denise M. Johnson Deanna D. Mader 等在《Internationalizing Your Marketing Course：the Foreign Study Tour Alternative》中考虑在国际营销原理课程教学中开设海外课程亦即境外研学旅行[8]；美国明尼阿波利斯卡佩拉大学的 Sherri M. Lange 在其博士论文《Online Study Tour-China and U. S.：the Feasible Future for All Institutions》中提出了一种新的在线研学旅行方式，与四川大学联合开展在线文化交流课程，综合考虑各种影响在线交流的因素[9]。

2.国内研究

游学、修学、教育旅游、研学旅行是一脉相承的，是在发展过程中不同阶段对研学旅行的不同称谓。随着研学旅行在我国各地逐渐兴起，各种案例性的研究文献大量涌现，但研究较为零散，没有形成统一的概念。截至 2016 年 8 月 24 日，对中国知网上的相关文献进行搜索，结果如下：（1）篇名分别以“修学”“研学旅行”为关键词进行搜索，经过筛选共有期刊、硕博论文 202 篇，其中硕士论文 13 篇，无相关博士论文；报纸 259 篇，占总数量的 56%，其中发表在《中国旅游报》的文章多达 101 篇，占全部报纸总量的 39%；发表在《中国教育报》的文章仅有 5 篇，不足 2%；2006 年以后相关文献明显增多，2005 年以前的相关文献不足 20%。（2）篇名以“教育旅游”为关键词搜索硕博论文，经过筛选，共有 45 篇相关记录，其中无相关博士论文，主要集中在某项教育功能的研究上，如有关“红色旅游思想教育”21 篇，有关“生态旅游环境教育”14 篇，对教育旅游进行理论研究的只有 4 篇。

由以上的搜索结果可以看出：（1）研学旅行发展潜力巨大，国内学术界普遍开始关注，旅游界学者关注较多，作为一种专项旅游产品主动迎合教育需求，受应试教育体制束缚，教育界学者的主动性相对较差。（2）国内的研究多从旅游角度出发，把研学旅行看作教育与旅游相结合的一种专项旅游产品，以前的研究多集中在旅游资源的单项社会教育功能，目前则系统化研究旅游资源的社会教育功能。（3）从教育角度出发的研究相对较少，作为素质教育的重要途径，缺少顶层机制设计和理论支撑，需要教育理念的主动融入。（4）对研学旅行的研究多集中在具体城市（地区）或景区的个案研究，缺少基础的理论研究。（5）《中国旅游报》和《中国教育报》上的文章是业内学者从不同角度对研学旅行提出的思考与建议，其他的报刊文章多是地区研学旅行活动的相关报道。

我国对研学旅行的研究尚处于初级阶段，多停留在表层的表述方面，未能从深层次去探究、剖析问题。对地区研学旅行的特点、现状、市场开发、对策或建议等内容进行研究的多达近百篇，代表性的有梁俭（2015，重庆留学生，硕士论文），金双英（2015，杭州出境市场，硕士论文），林杜鹃（2014，合肥市中小学生，硕士论文），田江艳（2014，上海入境市场，硕士论文），朱尖（2013，高句丽世界文化遗产，硕士论文），苑伟娟（2009，浏阳市，硕士论文），胡亚琴（2009，广东省，期刊），沈晓春（2009，广东省，期刊），张潇、郑耀星（2009，山东省，期刊），陈凯宏（2006，辽宁省，期刊）。此外，张其惠、王鉴忠（2010），陈非（2009、2010），徐冬爱、王峰（2009），苗小倩（2007），文红、孙玉琴（2005）等对研学旅行的内涵、特点、产品设计等做了系统概述。国外的经验介绍以日本居多，代表性的有张岩（2008）、曹晶晶（2011）等对日本修学游的介绍。

（二）研学旅行的概念界定

1.概念的渊源

关于研学旅行，或称游学、教育旅游、修学游、修学旅游、修学旅行、研学游，国内外学者从不同角度进行了相关研究，但目前并无统一的术语和概念，但对研学旅行同时具备教育和旅游业的特性都有所认同。2014 年 8 月 21 日国务院常务会议中正式提出“研学旅行”这一概念，在之前我国照搬日本、韩国的修学旅行、修学游等概念，此概念提出之后，国家政府各类文件中多采用“研学旅行”概念，因此本书统一采用“研学旅行”这一术语。国际上与研学旅行相关或意义上接近的词语有“tour study”或“study tour”，直译为“旅行学习”或“求学之旅”，文献中采用后者的较多，都含有在旅行过程中学习的意思。此外，还有“educational tour”“museum tour”“college tour”等相关词语，分别为“教育旅行”“博物馆旅行”“大学旅行”，则体现研学旅行的不同细分市场[10]。

2.广义与狭义的概念

目前，国内研学旅行活动多以青少年学生群体为主开展[11]。因此，学术界和业界对研学旅行主体多锁定在青少年学生群体（白四座，2008；文红，2005；等），由此出发进行界定，达成基本共识：研学旅行是以一个专题为目标，以青少年学生为主体，以增长知识、修炼人格为目的的专项旅游活动。上海师范大学朱立新教授（2014）、陈非（2010）根据研学旅行主体范围的大小，进行了广义和狭义的界定，狭义的概念仅针对青少年学生群体，广义的概念则包括所有的以“学”为目的的人群。还有部分学者从研学旅行的目的出发进行界定[12]，如杜林娟（2014）、白四座（2008）以“求知、教育”为目的；维也纳经济大学旅游研究所以“人格修炼”为目的进行界定[13]。

广义的研学旅行，是旅游者出于文化求知的需求，以学习为主题或目的，暂时离开常住地开展的文化性质的旅游活动[14]。“活到老学到老”，任何想通过旅行达到求知目的的人都可以成为研学旅行的主体，旅游界学者从产业的角度出发，更多关注专项旅游产品的开发，往往采用广义的界定。狭义的研学旅行，特指以学习知识、了解社会、培养人格为主要目的，由学校组织、在校学生参与的校外研学活动。教育界学者从教育的角度出发，更多关注其职责范围内的研学旅行，往往采用狭义的界定。广义的研学旅行没有特指人群，学生、教师、企业人员、政府官员等所有以“学”为目的的旅游者均可成为研学旅行的主体，狭义的研学旅行特指青少年学生群体。广义与狭义的界定在实质上并没有太大的区别，区别仅在于实施研学旅行的主体，即旅行者范围大小的不同[15]。

综合国内外学者观点可以看出，研学旅行是指旅游者以接受教育为目的的一种专项旅游活动。以教育的不同主题进行研学旅行的市场细分，如思想政治教育、环境教育等；以研学主体的不同可以分为学生群体和非学生群体。

针对青少年学生群体的研学旅行，教育部如此界定：研学旅行是面向全体中小学生，由学校组织安排，以培养中小学生的生活技能、集体观念、创新精神和实践能力为目标，通过集体旅行、集体食宿的方式开展的一种普及性教育活动。教育部基础教育一司的定义更加简练：研学旅行是面向全体中小学生，由学校有计划地组织安排，通过集体旅行、集中食宿的方式开展的研究学习和旅行体验相结合的校外教育活动。研学旅行是一门实践教育课程，是学校教学活动的重要组成部分，为整体的教学目标服务。可以从以下几个角度把握研学旅行的概念：第一，从本质上看，研学旅行是一种旅游行为，是“学”与“游”的有机结合，是一种专项旅游产品；第二，从定位上看，最好的学习方式是经历，研学旅行以学习为导向，是一种教育方式或手段，要有清晰的教育设计和教育意图；第三，从特点上看，青少年学生群体的研学旅行是一项“准公共产品”，与其他旅游产品的最大区别体现在公益性与教育性。

3.概念的缺陷

从教育的角度谈狭义的研学旅行，存在两方面缺陷：

一是有关研学旅行的主体。事实上，研学旅行历来就是各类人群、各个阶层皆可参与的活动。狭义的研学旅行，仅仅定位于青少年学生群体，这在理论上排斥了非学生群体这一更大的顾客市场，现阶段还没有专门为非学生群体“量身定制”的研学旅行产品；即使在学生群体中，由于广大农村地区经济发展水平相对落后，受消费观念、经济实力、消费水平的制约，目前研学旅行的条件还不十分成熟[16]。因此，目前狭义的研学旅行也仅以大中城市的青少年学生群体为主要消费对象。当然，这并非说农村地区不能开展研学旅行，学校教师可以根据地区特色走进田野、走进厂矿、走进养殖园，因地制宜地开展研学旅行活动。

二是有关研学旅行的休闲娱乐功能。研学旅行本质上是一种旅游行为，不是单纯的读书学习，在强调发挥社会教育功能的同时，忽略了研学旅行作为旅游产品的休闲娱乐功能。不能是变了味、走了样地只“游”不“学”，但也不能过分强调“学”，而忽略了中小学生好玩、好动的天性。本书通过对狭义研学旅行展开研究，由青少年学生群体延伸、扩展至非学生群体，进而带动广义范畴的市场开发。

研学旅行，从课本到行走的课堂，让学生从课本出发，走出校园，走进自然、触摸历史、体悟社会，必须找准研学旅行的切入点，真正做到读书与行路的有机融合，在旅行中知晓目的地文化，通晓而后达观！

三、研学旅行出现的必要性

研学旅行是校外教育的创新形式，是深化社会实践的重要途径，研学旅行的开发可扩展学校的社会教育功能，可为旅游产业发展加温。从旅游需求角度而言，旅游者从走马观花式的大众旅游逐渐向满足精神需求的高端旅游转变，研学旅行是满足青少年学生成长需求的途径之一。针对旅游企业而言，研学旅行是一种经济行为，作为一种旅游的创新形式，能增加企业的经济效益。从社会教育角度而言，研学旅行是一种文化行为，旅游教育功能的研究是创新社会教育资源，有利于促进社会教育发展。针对家长而言，改革开放以来，居民的可自由支配收入增加，生活水平得到改善，越来越多的中国家庭有能力并愿意为孩子的教育投资；很多家庭利用假期安排孩子出去旅游，大部分家长很认可研学旅行的方式。刚刚过去的 2016 年寒假，很多家长将平常假期的亲子游升级为研学旅行，很多旅行社也试水研学旅行市场，推出专业研学旅行产品。

（一）社会教育角度：教育改革的需要

围绕孩子的学习、交往和成长所产生的研学旅行，在出行次数、人数和费用方面都在不断攀升，研学旅行产品的开发势在必行。研学旅行可以促进校内教育和校外教育之间的有效衔接，是学校教育和校外教育衔接的创新形式，是综合实践育人的有效途径。

1.教育改革的需要

科举制度始于隋唐，消亡于清朝末年，科举制度是应试教育的前身，在中国存在了一千多年[17]。科举制度的诞生就是为了公平公正地竞争，选拔出真正有学识的人，应试教育继承了科举制度公平公正的优势。中国是世界第一人口大国，地区之间的教学资源参差不齐，应试教育虽存在弊端，但却能为地区之间提供一个相对公平公正的教育模式，让贫困落后的地区也能有机会接受高等教育。考试成为衡量教育水准的唯一工具。中国的应试教育以应付考试升学为目的，只重视学生智育的培养，而忽略了德育、智育、体育、美育、劳育的全面发展，终日奋战在“书山题海”里的学生们，身体越来越差，视野越来越窄。改革开放以来，随着素质教育的提出和竞争压力增大，应试教育也开始逐渐受到质疑。

爱因斯坦在他的演讲名篇《论教育》中有这样一句话：教育就是忘记了在学校所学的一切之后所剩下的东西。从某种意义上讲，这句话揭示了教育的本质，而应试教育传授的仅仅是知识，并非培养健全的人格和独立思考的能力。1985 年 5 月，邓小平同志在第一次全国教育工作会议上提及劳动者素质问题，这是素质教育的最初思想源头，理论界关于“素质”的研究开始日益增多。1994 年全国教育工作会议文件中首次使用素质教育的概念，各地各部门积极探索和生动实践，创造出愉快教育、成功教育、情境教育等鲜活经验，进入了区域性试验与探索阶段，1999 年教育部提出实施素质教育，开始整体推进素质教育。随着我国教育模式由“应试教育”向“素质教育”转变，研学旅行作为一种传统而现代的素质教育手段被广泛关注，正在逐渐兴起和推广。研学旅行是学校开展“第二课堂”的一种重要形式，是学校课堂教育的重要补充，是学校素质教育的客观需要。组织青少年学生利用假期到国外或在国内开展研学旅行，学生们不但能从社会上学到许多知识及技巧，并且能够培养学生们的自主能力、团队意识，对于开阔眼界、提高对陌生环境的适应能力、加强人际交往等都有所帮助。同时研学旅行能够使学生有机会对书本知识进行实践，体验国家重要的文化名胜和风土人情，丰富课余生活。

研学旅行为青少年学生搭建了理论通向实践的桥梁，为了解中华精深文化搭建了交流平台。最初的教育活动与人类的生产、社会生活融为一体，主要通过言传身教传授知识，研学旅行连接教学与社会实践，让教育回归它的本源。研学旅行可以借助教育形式和人才培养模式的创新，推动素质教育的全面实施，推动学生核心素养的发展。

2.开放式办学的需要

任何学校都是学生成长的一个阶段、教育链中的一个环节。现代社会对教育的需求呈现出多层次、多样化的趋势。随着我国素质教育的提出，基础教育课程改革的深入开展，我国的传统学校教育步入转型期。当代社会日益发展成为高度科学化的信息社会，学生从家庭、社会生活中接收的信息量与日俱增，潜移默化的家庭教育、社会教育形成学校传统教育的有力补充。

开放式教育是一种办学理念，是与以应试为主要目标的封闭式教育相对而言的。在教育越来越引起全社会关注的当代，开放办学才能让学校充满生机活力，借助国际、社会、社区和网络等资源，敞开校门，邀请全社会共同参与青少年学生的培育，为中小学生成长提供更为真实和生态的环境。开放办学，以全方位开放式教育理念为指导思想，通过开放的空间、环境、课程、活动、资源等一系列教育手段，吸引更多资源参与学校教育，满足学生个性化发展的需要[18]。加强各个学段与社会的联动发展，让学校教育更紧密地融入经济社会发展之中。中小学校，吸引更多社会资源参与学校教育，形成学校教育的有力补充；职业学校，与企业“双向互动”，建设实践基地开辟“第二课堂”，增强专业“吻合度”，促进企业人才培育[19]；高等学校，利用科研优势，形成人才、技术、资源的共享与互动，推进政校企深度合作、服务地方经济与社会发展。

研学旅行可以作为一个纽带，把学校教育与旅游业联结起来。联结是双向的，一方面通过研学旅行把社会资源纳入学校教育的范围，另一方面，让学校教育更加有的放矢，更好地服务社会。通过研学旅行路线和产品的设计，把工厂企业、自然文化景观、乡村发展、社区服务、生态环境建设等社会发展的各方面要素设计成专题旅游线路，联结全社会的力量、集聚全社会的资源为学生的成长教育服务。通过研学旅行，让中小学生了解中国的国情，培养他们的人文素养、提高他们的创新精神；通过研学旅行，让大中专院校的学生用自身的知识和技能服务地方社会。

3. 夏、冬令营的有益补充

学校是教育的组织机构，也是研学旅行的主要组织单位，研学旅行可以在年级内部组织或以班级为单位。综合各国实践来看，以学校为单位组织研学旅行，一方面，有助于让青少年在熟悉的集体中开展学习活动，跟同龄伙伴一起交流长大，培养集体意识，体现人成长过程中的群体性；另一方面，有利于校方组织和管理参与学生，提高活动的安全性和针对性，同时节约活动成本。

研学旅行不同于夏、冬令营，是带着教学目的的旅行。从出行时间上来看，研学旅行是安排在教学时间内的集体活动，中小学生均可参与，是学校课程教学的一部分；夏、冬令营是学生放假期间的个人行为，由家长根据孩子需要自愿报名参加的旅行社产品。从研学范围来看，研学旅行目前主要以省内旅行为主，夏、冬令营范围比较广，不仅仅局限于省内范围，还可以是省外，甚至是国外。从研学时间长短来看，目前研学旅行时间多为1～2天，而夏、冬令营时间一般超过3天。从研学产品形式来看，中小学生的研学旅行，具体方案和形式由学校和承办机构联合确定，而夏、冬令营完全是旅行社来确定路线和产品，家长和学生只有选择哪家旅行社的权利。研学旅行和夏、冬令营都是符合学生年龄特点的方案和产品，教学时间内与教学时间外相互形成有益的补充，共同形成对学生成长的磨炼。

（二）旅游业角度：旅游可持续发展的需要

研学旅行一直深受青少年旅游者的欢迎，在“旅游+”的大背景下，进一步深入挖掘我国旅游资源的丰厚文化内涵，积极培育研学旅行成为旅游新热点。

1.旅游业发展方式转变的需要

中国旅游业历经改革开放近30年的发展，发生了翻天覆地的变化，旅游产业体系日趋完善，产业规模不断扩大，产业素质持续提升，但也面临整体转型的问题。近几年，由于内外环境的变化，旅游业转型升级的速度明显加快，迫切地需要从数量型和速度型的外延式发展方式逐步转变为质量型和效益型的内涵式发展方式，旅游业的转型升级伴随着旅游业发展的全过程[20]。尽管观光旅游仍然是我国旅游市场的重要组成部分，但新型专项旅游产品的快速发展，使得我国的旅游产品类型更加丰富，旅游产品组合的方式也更加多元化；旅游成为老百姓生活的常态化选项，旅行社组织的团队旅游继续稳步增长，但散客旅游已经成为旅游方式的主体，定制游、主题游、自驾游、背包游、俱乐部旅游、旅游专列等新型旅游方式的出现，刷新了旅游方式的总体格局；“互联网+”经济新常态的出现，对旅游者的出游方式、旅游企业的经营方式和旅游行政部门的管理方式产生革命性的变革；再加上旅游者需求的多样化、个性化，旅游经验的日趋成熟，对旅游产品和旅游服务的要求也日益提高，专项旅游的出现和发展是社会、企业和旅游者共同推动的结果，发展专项旅游也是旅游市场成熟的标志。专项旅游是对传统常规旅游形式的一种发展和深化，主题鲜明、内涵丰富，通常具有时间长、重游率高、附加值高、垄断性强等特征，是旅游业发展的新趋势，对于拓展旅游产品的内涵、提高旅游产品档次、改善旅游空间体系、延长旅游产业链条、提升旅游形象等都具有重要的现实意义[21]。

“旅游+”正在成为旅游行业运行的重要方式，各种类型各种层次的旅游产品层出不穷。旅游业进行转型升级，国内部分学者提出从观光旅游为主向休闲度假旅游为主转变。实际上，我国的观光旅游将长期保持很大的市场规模，只是休闲度假旅游在整个旅游产品市场中的比例会逐步提高，专项旅游产品也会日益丰富，无论哪种旅游产品，都更加关注游客的体验[20]。以社会教育理论为视角，开发具有社会教育功能的旅游产品，实施“品质旅游”战略，打造教育主题的旅游精品和旅游品牌，从而提高旅游资源的综合利用价值，实现旅游的可持续发展。在《国民旅游休闲纲要(2013—2020 年)》《国务院关于促进旅游业改革发展的若干意见》等国家一系列利好政策的影响下，研学旅行有望成为旅游业创新发展的增长点。

2.旅游者消费需求多样化的结果

消费者对旅游产品的选择和消费能力与可支配时间和收入是直接相关的。在消费者消费支付能力较低、游览时间较短的情况下，往往以选择“充实经历感”的观光旅游为主；随着可支配收入的增加、闲暇时间的增多，以及丰富的旅行经历，旅行的选择逐渐向内在审美与愉悦的“休闲度假”需求延伸。随着知识经济时代的到来，传统旅游悄然发生变化，市场的细分化，需求的多元化，旅行方式的多样化，旅游者对人生阅历、吸纳知识和精神愉悦的需求质量不断提升，对旅游的文化内涵提出新的要求。需求的升级是促使产品升级的原动力，康体疗养、文化研修等多功能、高层次的文化旅游发展，吸引越来越多的人将以各种不同的方式和形式加入到研学旅行者的行列中来[22]。

专项旅游以某项主题或专题作为核心的旅游活动，是个性化旅行的代表形态，是从泛旅行度假到精细旅行过渡的开始，如会展旅游、文化旅游、康体旅游、森林旅游、生态旅游、节事旅游、研学旅行等。在专项旅游活动过程中，旅游者对于旅游行为具有明显的指向性，是为了满足自身某一特殊的需要，如红色旅游，以学习中国革命史为目的，进行革命传统教育的旅游活动；文化旅游，是通过旅游资源的文化内涵体验，寻求文化享受；研学旅行，则是以接受教育、提高个人修养为目的的旅游活动。

专项旅游相对传统意义的观光度假产品，更侧重于旅游产品设计的专业性，以及旅游者与旅游目的地结合的“深度”。研学旅行作为一种专项旅游产品，更多的是要满足青少年旅游者精神层次的需求，根据主题特色设计参与性的活动，日益受到社会和广大家长的广泛重视，逐渐成为新的旅游热点。研学旅行，通过旅游和教育的结合，提供具有社会教育功能的旅游产品，提高旅游资源的利用价值，使旅游资源成为社会教育资源的一个重要组成部分，使旅游地成为教育活动的基地，在旅行中获得全面发展。

第二章　研学旅行的基础理论

一、旅游产业融合理论

（一）旅游+

梳理国外关于产业融合的研究文献发现，目前国外学者的研究主要集中在产业融合的概念、产业融合与产业演化的关系，产业融合对企业战略管理的影响和产业融合与政府规制的关系等几个方面。对于产业融合的定义，理论界没有统一认识，不同的学者从不同的角度出发进行界定。美国学者格里斯坦和卡恩指出："产业融合作为一种经济现象是指为适应产业增长而发生的产业边界的收缩或消失。"根据欧洲委员会绿皮书的定义，产业融合是指"产业联盟和合并、技术网络平台和市场三个角度的融合"。日本学者植草益在《产业组织论》一书中认为产业融合是这样一种现象，即原本属于不同产业或市场的产品，由于技术创新而导致具有相互替代关系，使两个产业或市场中的企业转为处在竞争关系中的一种现象。而我国学者厉无畏认为，产业融合是指不同产业或同一产业内的不同产品相互渗透，相互交叉，最终融为一体，逐步形成新的产业的动态发展过程。不过，它们有一个共同点，那就是都认为产业融合是一种新的经济现象，并已广泛影响产业的发展，甚至正在重塑产业的结构形态，产业融合的结果是出现了新的产业或新的增长点。旅游产业在面临竞争环境巨变和自身生存发展的压力下，也日益呈现出与其他产业融合的趋势。在产业边缘地带激发出各种新的旅游产品和服务方式，以行业实践丰富着产业融合的内容。产业融合的方式主要有三种：一是高新技术的渗透融合；二是产业间的延伸融合；三是产业内部的重组融合，在不同的产业领域内，产业融合以不同的方式演进。

旅游产业融合包括旅游产业支撑体系的融合与旅游产业的延伸融合两个层次。旅游产业支撑体系的融合是指“行、游、住、食、购、娱”旅游六要素的相互依存、相互制约，确保旅游业顺利发展，我国已形成了交通、游览、住宿、餐饮、购物和娱乐六大要素基本配套的旅游生产力体系，旅游产业结构的优化，首先要做到六要素配套发展，有效地提高综合接待能力和创汇能力。旅游产业的延伸融合是指通过旅游业与其他产业之间的互补和延伸，实现产业间的融合，形成融合型的产业新体系。旅游业悄悄地对其他产业进行着“渗透”，产业之间的对接创新出精彩纷呈的专项旅游，如文化旅游、工农业旅游、康体旅游、教育旅游、房地产旅游、探险旅游等专项旅游，基于融合的创新是发展旅游业和提升旅游业竞争力的必然选择。旅游产业融合是旅游产业创新发展和全面协调可持续发展的一个有效途径。

在融合发展中提升旅游产品吸引力、增加旅游产业生产力。2015 年全国旅游工作会议上，国家旅游局局长李金早在传统旅游六要素的基础上拓展出“商、养、学、闲、情、奇”新旅游要素，是以旅游需求为导向的旅游发展新视角，是新时期旅游发展以游客为本的具体体现，是对旅游消费升级所倒逼的旅游产业发展转型升级的理论和实践应对[23]。其中“学”就是指研学旅游，比传统的“修学旅游”的内涵与外延更广泛，成为一个旅游新名词。传统六要素与新要素不是同一层次的“要素”含义，国家旅游局规划专家王兴斌教授指出，从《2015 全国旅游工作会议工作报告》对“商、养、学、闲、情、奇”六要素的解释，主要是指若干种具体的、有个性或特色的旅游活动、项目与产品，是对旅游市场需求与产品的细化，体现了旅游业与相关产业融合发展的新趋势。传统六要素并没有穷尽旅游产业的基本要素和全部内涵，必然在无限丰富、不断升级的旅游服务中拓展与深化。旅游实践永无止境，市场需求是催生旅游产业新要素的根本动力，旅游理论探索永无止境。随着旅游的内涵逐步丰富，其外延必定会不断拓展，随着旅游业不断升级发展，将在不同发展阶段延伸出更多旅游要素。

随着旅游内涵的日益宽泛，在旅游传统六要素的基础上应该再增加两个基本要素。一是“信息”，2015 年十二届全国人大三次会议上，李克强总理在政府工作报告中首次提出“互联网+”行动计划，将互联网的创新成果深度融合于经济社会各领域之中，形成更广泛的以互联网为基础设施和实现工具的经济发展新形态。电子信息化的发展使旅游的消费、服务、经营、管理发生革命性的变革，正在走向信息智能化的阶段。二是“公共服务”，旅游公共服务是公共服务在旅游领域的特殊体现，旅游公共产品和服务不足仍然是短板。旅游公共服务首先应为当地居民服务，然后再为游客服务。旅游公共服务的内容非常多，著名旅游经济和管理专家魏小安认为，假日制度、旅游法规和标准为旅游公共服务的基础和重点，具体包括公共旅游产品、旅游信息系统、旅游咨询中心、投诉中心、急救中心和公益性服务六个方面，随着旅游散客化、自助化、个性化和游客国际化的发展，旅游目的地的公共服务显得越来越重要。把“信息”与“公共服务”列为旅游服务的基本要素、必备要素，有助于推进旅游现代化、信息化和国际化的进程。

（二）全域旅游

从 20 世纪 80 年代的小旅游概念，到进入新世纪以来的大旅游概念，随着时代的发展，人类对旅游的认识越来越深入。旅游休闲度假，20 世纪 80 年代是生活元素，到了 90 年代就是生活要素，后工业化社会，与之对应的是全体国民的全面休闲。2016 年全国旅游工作会议上提出，中国旅游要从“景点旅游”向“全域旅游”转变，构建新型旅游发展格局。2016 年 4 月 20 日由人民网、同程旅游共同主办“2016 全域旅游和景区发展高峰论坛”，北京第二外国语学院旅游管理学院院长历新建教授作了题为“全域旅游的逻辑和落实”的主题演讲，他指出，全域旅游发展的最终目的是如何给游客提供最优的旅游体验，给游客自由行走的权利和保障，同时给居民带来惬意的生活和空间。其实，早前奇创规划院和厉新建教授（2013）都曾先后提出过类似的概念，全域旅游是区域旅游和整体战略结合的升级版，是单一的旅游景点和目的地以地域扩展的一种方式。

全域旅游一经提出，便引起理论工作者和产业实践者的一种共同认知，原因在于官员、学者、业界经营者对于这个概念所涉及的利益方面的认可。全域旅游是指各行业积极融入其中，各部门齐抓共管，全城居民共同参与，充分利用目的地全部的吸引物要素，为前来旅游的游客提供全过程、全时空的体验产品，从而全面地满足游客的全方位体验需求。从我国社会经济发展角度出发，北京交通大学教授张辉认为，全域旅游是一种有限度的旅游化过程，是一种空间、产业、要素和管理的旅游完备问题。从国家相关文件可以看出，全域旅游是一种推动社会经济发展的模式或者是一种发展方式，实践表明，特别是对旅游资源丰富、不适宜大规模集约化工业发展的山区而言，通过旅游化，通过全域旅游实践，做大旅游业，提升相关产业的附加值。2016年2月5日国家旅游局公布首批262家“国家全域旅游示范区”创建名单。2016年11月1日，国家旅游局又公布了第二批238家“国家全域旅游示范区”创建名单。河北省在两批次中合计共有3个设区市、14个县（市、区）进入“国家全域旅游示范区”创建名单。

全域旅游追求的不仅是旅游人次的增长，更强调旅游质量的提升，追求的是旅游对人们生活品质提升的意义。全域旅游是跳出传统旅游谋划现代旅游、跳出小旅游谋划大旅游发展的飞跃，在发展理念、发展形态、发展模式上的根本性变革，促进旅游业全区域、全要素、全产业链发展，实现旅游业全域共建、全域共融、全域共享的发展模式。从实践的角度，以城市(镇)为全域旅游目的地的空间尺度最为适宜。全域旅游总的思路是以后工业化视角，挖掘前工业化资源，利用工业化成果，创造超工业化产品，对应变化中的市场[24]。

2016年12月26日，国务院印发的《“十三五”旅游业发展规划》，其中在理念创新部分提出：加快由景点旅游发展模式向区域资源整合、产业融合、共建共享的全域旅游发展模式转变。研学旅行整合多种社会资源融入学校教育体系，符合全域旅游发展的理念。

二、体验教育理论

（一）国外的体验教育理论

实践是马克思主义哲学的立足点。马克思主义实践观认为，实践作为人类特有的存在方式，是人类认识世界的本源，构成了人类生活的全部。随着社会实践的发展，实践作为检验真理的标准，在历史中不断地发展和完善，体验与实践紧密相连。

体验教育的理论渊源，可以追溯到卢梭、杜威等人的教育思想与观点之中。法国思想家、教育家卢梭认识到教育领域中生命所固有的价值，从其“自然神论”的哲学观出发，提出他的“自然主义”教育主张，充分体现出教育人性化的本质特性。以行求知，体验中学，是卢梭自然主义教育思想的一个基本点。早在20世纪二三十年代的美国也出现过学校教育与现实社会脱节的现象，当时不少教育心理学家就提出“经验学习”（experiential learning）的课题。当时的美国教育也出现了“反传统教育”的热潮，约翰·杜威（John Dewey）是美国最有声望的实用主义哲学家、教育家和评论家，是教育哲学的奠基人，他的观点中也含有类似的理念。他反对传统的灌输和机械训练，强调从实践中学习的教育主张，并就教育本质提出了“教育即生活”和“学校即社会”的基本观点，他的“从做中学”理论是体验教育的最直接最重要的理论来源。

第二次世界大战以后，人们意识到了过分强调“生活实践”、忽视学校教育的不足，体验教育逐渐转变为对课堂教学的补充，成为学生学习生活经验、体验社会性教育，完成人际的、情感的或者社会性价值观等教育目标的重要途径。20世纪末，随着全球化进程的加速与知识经济浪潮的冲击，各国政府纷纷进行教育改革。1996年，联合国教科文组织提出面向21世纪的教育改革报告《学习——内在的财富》，报告指出，教育的功能是培养人具有适应变革的能力，旨在促进人的发展的教育，教育应围绕以下四种基本学习加以安排，学会求知（learning to know），学会做事（learning to do），学会共处（learning to live together），学会生存（learning to be），进一步深化和充实最初获得的知识。

（二）陶行知的生活教育理论

民国时期一些重要人物如胡适、陶行知曾在美国哥伦比亚大学留学，曾是杜威的学生。胡适于20世纪初将杜威的实用主义哲学和教育思想引入中国，20世纪上半叶的中国教育界、思想界受杜威的教育思想影响极大。

在批判杜威“教育即生活”的基础上，结合中国的国情，形成陶行知教育思想的核心，陶行知先生指出“过什么的生活就受什么的教育”，即教育生活理论，提出“生活即教育”“社会即学校”“教学做合一”三大主张。第一，“生活即教育”。“生活即教育”是陶行知生活教育理论的核心[25]，陶行知所说的“教育”是包括学校教育在内的整个社会生活的广义教育，生活即教育，并非说生活就是教育，而是说教育不能脱离生活，教育通过生活来实现，生活与教育是同一个过程。第二，“社会即学校”。就是说，整个社会是生活的场所，也是教育的场所，目的是扩大教育的范围和内容。第三，“教学做合一”。“教学做合一”是“生活即教育”在教学方法问题上的具体化，是陶行知生活教育理论的教学论，强调实践是获取知识的途径。

他坚决反对没有“生活做中心”的死教育、死学校、死书本[27]，主张教育联系实际生活，反对死读书，注重培养儿童的创造性和独立能力。我们要实践终生教育，“活到老，学到老”，以“生活”为前提，真正的教育要与实际生活相结合。

学校教育的主要方式是让学生从书本中学习前人的经验，造成学生与现实社会的脱节，使学生解决社会实际与生活实际问题的能力得不到发展，这正是当前我国基础教育中普遍存在的问题。体验教育是在素质教育的背景下及对现行教育反思的过程中提出的，在实践活动中促使学生不断产生新经验、新认识，发展学生适应自然与社会的能力，形成积极的人生态度，体验教育解决的是教育的主体性问题。针对学校教育的需求，研学旅行把受教育的场所扩大到社会，把实践性内容融入旅行活动中，针对学生人格形成过程中的体验和修养教育，设计专门的旅游产品，策划具体的活动环节，形成学校教育的重要补充，成为公众教育的一种有效形式。

（三）生态体验理论

21 世纪是体验经济的时代，我国学者对“体验”的含义进行了深入系统的探讨，主要形成“图景思维说”“情感说”“特殊活动说”“意义建构说”、“活动—过程说”“活动—结果说”“感受—领悟说”等观点。我国当代教育思想家刘惊铎教授把体验定义为“一种图景思维活动”，并提出“体验是教育的本体”的教育哲学命题，在其著作《道德体验论》中，在我国大、中、小学的德育改革和教育教学实践之中深入践行体验教育，国内广大一线教师对体验教育进行实践探索与尝试，推动了体验教育思想理论在我国教育实践中的广泛应用。儿童教育家李吉林老师是情境教学的首创者，作为一名小学语文教师，长期从事小学教育教学的实践探索与研究，创立了“情境教学”“情境教育”等情境教育理论体系及操作体系，成为我国素质教育的重要模式之一。山东省临朐县五井镇嵩山小学教师李守祥自 2000 年新课改以来致力于体验教育实践与研究，走出了一条农村体验教育之路。

刘惊铎教授创立了生态体验教育理论与实践模式，其顶层哲学命题为三重生态圆融互摄，理论主体部分包括三重生态观、体验本体观、生命样态观、生态化育观、魅力实践观，深度凸显了和谐价值观、生活世界观、生态智慧观，经过反复的、长期的实践检验，成为中国原创性的完整思想体系[28]，形成了生态体验模式、生态体验德育模式、生态体验教育模式，生态体验已经被作为当代一种有魅力的德育模式和教育新理念。生态体验是人类的基本生存方式，是一种优化着的人类生存发展模式，也是一种震撼心灵、感动生命的魅力化育模式。“生态体验”（ecological experience）一词，最早见于刘惊铎教授著的《生态体验论》和《道德体验论》一书，刘惊铎教授长期致力于生态体验教育理论创新与实验研究，形成了我国一个原创性的完整思想体系。生态体验模式是自然生态、类生态与内生态之三重生态圆融互摄优化生命样态的魅力化育形态，系统思考和建构德育过程和教育过程[29]。“生态体验教育”作为一种教育意识、一种教育理想渗透于整个学校教育之中，旨在强调道德教育要深入学校、家庭、社区、社会生活和自然之境当中，向生活世界、自然之境和未成年人的心灵世界全面开放，引发人的生命感动，诱发人的道德体验。“生态体验教育”的实践环节包括：营造体验场 + 开放式对话 + 反思性表达，即通过有生命感动的体验活动和生命阅历，引导学生进行开放式对话，讲述体验活动的现场感受，开启学生在三重生态下的不同感悟，不断激发学生道德学习的愿望，使学生在探究和自主感悟过程中进入“体验之思”的道德境界。

刘惊铎教授说：沉淀下来的记忆不会消失，只会重新组合，体验教育就是给学生创造铭记一生的记忆，为学生构建支撑一生的品质，培养学生享用一生的习惯，打造学生幸福一生的个性。生态体验教育把知识学习与体验者的生命意义关联起来，从感性生命个体的生存实践出发，凸显教育的实践性、享用性和反思性表达。从核心理念上看，可以从“三重生态”理念做整体设计，可以把生态体验教育学术团队历经 20 余年的研究和探索，借鉴和迁移至研学旅行的实践模式探索领域，激活研学旅行中人格陶养的功能[30]，融通学校、家庭和社会教育，引导求知者在体验中把教育要求内化为品质。

三、终身教育理论

对于终身教育比较普遍的看法是：终身教育是“人们在一生中所受到的各种培养的总和”，存在于人的整个生命阶段，包括个体生命的各个阶段及各个方面的教育活动。其最终目的在于“维持和改善个人社会生活的质量”，终身教育不是一种实体的存在，它是一种理念。由于人与自然、人与社会的不断进步促使终身教育在当代社会成为一种可能。

1965 年，联合国教科文组织召开第三届促进成人教育国际委员会会议，联合国教科文组织成人教育科科长保尔 • 朗格朗（Paul Lengrand）提交了“终身教育议案”，重新认识和界定教育，不再将教育等同于学校教育，而视教育为贯穿整个人生的、促进个体“学会学习”的全新概念，从而打破家庭教育、学校教育、社会教育之间彼此隔离的状态，构筑起民主化的终身教育体系。进入 20 世纪 70 年代后，终身教育思想“几乎在世界范围内博得了赞许”，成为一种国际教育思潮。保尔 • 朗格朗的著作《终身教育引论》是终身教育思想的代表作。

保尔 • 朗格朗在其著作《终身教育引论》中提出，“对于所有的人来说，生存从来就是意味着一连串的挑战”。传统的教育体系已经不能满足急剧变化的社会需求，因此他主张建立一体化的终身教育体系。他强调终身教育具有连续性，教育贯穿于生命的全过程，不能仅限于儿童期、青年期，走出校园后也应该继续接受教育，即所谓的“活到老学到老”；整体性，把一切具有教育功能的社会组织连续、联系起来，学校教育之外的家庭教育、社会教育，由家庭、社区、企业和其他环境组成的整个社会向公民提供个性发展所需要的教育机会，而且诸多机会组成为一个有机整体[31，32]。终身教育理念，不在于获得一堆知识，而在于个人的发展与自我实现。“终身教育”理论是对个人全面发展的新要求[33]。

终身教育要使人们“学会生存和学会生活”。国民在满足生存所需之余，还要学会放松和休闲，在旅游活动过程中，开阔视野，增长见识，锻炼能力，旅游社会教育功能渗透着终身教育的理念，并进一步提高、完善终身教育的功能和价值，成为当代终身教育理论的重要组成部分[34]。让学生“走出”教室，“走出”课本，进行“学习体验”“行为体验”和“内心体验”，参与到社会实践当中，在学习中体验，在体验中成长，把教育要求内化为品质，外显为行为。

四、课程化研学教育

从2004年开始，根据中国近代教育家陶行知的生活教育理论“生活即教育，社会即学校”，北京京华教育旅行社有限公司配合北京市陈经纶中学着手开发“人生远足”校本课程，开始策划打造课程化研学活动，形成了“课程化研学活动”系列游学产品。课程化研学教育是为了配合2007年教育部颁发的“普通高中课程方案”要求设置的，根据各年龄段学生的心理特征、知识层次、学科要求等方面内容，按照课程培养要求量身定制的研学课程，以培养学生综合素质为目的，以社会实践活动为载体的特色教育项目。课程化研学组织学生走出课堂、走出校园，走进自然、走进社会、走进生活，去实践、去体验、去学习，具有德、智、体、美、劳多方面的教育教学功能。

一个景区、一个村落、一座城市，凭借丰富的资源，都可以建成为中小学生接受传统文化教育、参加社会实践的校外课堂。北京京华教育旅行社有限公司已在安阳、徽州、西安、黄山等地景区建立课程化研学基地，2014年5月24日河南安阳马氏庄园成为北京陈经纶中学“中国课程化研学旅行教育基地”，黄山市凭借厚重的徽州文化、丰富的自然风光，注重研学旅行实践教育基地的开发和研学旅行产品的打造。黄山市为充分挖掘厚重的“徽州文化”，打造“课程化研学基地”，2015年2月4日召开了创建徽文化研学旅行实践教育基地研讨会，黄山市领导、业界专家从标准化建设、基地建设、营销政策等方面提出建议，同时达成立了黄山市实践教育科学研究院。

“课程化研学”是充分利用社会文化资源，为学校量身打造的实践教育模式；“课程化研学”的理念是挖掘文化内涵，为完善课程体系提供社会资源和专业服务，让学生在旅行中把旅游资源转化为课程资源；“课程化研学”把学生的课堂搬到社会中、自然中，让学生贴近社会、贴近自然，是名副其实的体验教育。北京京华教育旅行社在安阳、黄山开发了“我到安阳看殷墟，红旗渠精神进校园”“走近大美黄山，感受徽商文化”“水文化探秘，问渠哪得清如许”等一套完整的课程化研学产品，努力将抽象的课堂教学实体化、趣味化。从 2007 年开始，“殷商文化红旗渠精神校园行”课程化研学共走进全国 155 个校园，2011 年 11 月“校园行”活动在北京大学马列主义学院举办了“校园行活动”论坛，在安徽“励志黄山，博学徽州”研学活动中安排了“走进徽州人家品年饭观年俗”的活动，2014 年元月，“‘周秦汉唐文化，现代科技文明’课程化研学”旅行活动到西安，走出学校去体验，在旅行中完成知识的吸收与转化。

第三章　研学旅行的特质

一、研学旅行的基本特征

研学旅行是典型的寓教于乐的教育产品，从旅游动机和功能上看充满教育性，从产品内容上看充满知识性，从形式上看充满娱乐性，从活动方式上看极具体验性，与学校教育相比较而言，知识的传播和吸收变得更加生动和直观，富于趣味。相对于一般的旅游产品，研学旅行具有以下特征：

（一）主体具有主动性

新课程改革的一个重要内容就是改变教与学的方式，也就是转变学生学习的方式，赋予学生自主学习的能力、与人合作的能力、自主决策的能力、收集处理信息的能力、解决实际问题的能力，就是在教育、教学过程中要体现学生的主体地位。以“以人为本”为原则，要尊重学生的主体地位，发挥学生的主动性。研学旅行作为学生综合社会实践活动的重要方式之一，活动中每一个环节尽可能由学生自主完成，教师作为指导者和协助者，指导学生选择课题、指导学生开展活动、指导学生进行结果评价，使教师从“知识传授者”转变为“知识探索指导者”。学校要改变怕学生出问题、代替学生去做，向学生直接下达命令的想法，变“要学生做”为“学生要做”，让学生处处有锻炼的机会，充分发挥学生的学习主动性和创造性。在研学旅行开始前，教师要做好引导工作，指导学生从各个渠道搜集、甄别、汇总信息，自主选择和整合学校提供的研学资源，确定活动主题，预设研学内容，制定研学路线。学生作为研学旅行过程的体验者，活动中要处理好分工与合作的问题，遇到问题协商解决，培养团队协作能力；带着问题去研学，主动地去观察、去感受、去思考、去探讨、去学习，在体验中检验真知，教师要协助做好内容的深化。研学旅行结束后，同学们用自己喜欢的方式去交流，如摄影、绘画、日记、演讲等多种形式，升华研学旅行活动的意义。在研学旅行活动的过程中，学生以自己的经验和知识为基础，经过积极的探索和发现、亲身的体验与实践，以自己的方式将知识纳入认知结构中，尝试用学过的知识解决新问题，有利于培养和锻炼学生的自主性。

（二）方式具有实践性

知识来源于实践，知识应用于实践，实践是知识产生的根源，学生要从课堂走向社会，又要从社会走进课堂。体验是亲身实践的深层次感受，体验被认为是当代一种德育模式和教育新理念。研学旅行就是让中小学生走出教室，走向自然，走向社会，在过程参与和旅行体验中拓展视野、了解社会，培养中小学生的团队协作精神、创新精神，提高动手操作的实践能力，实现人文素养的内化，是课堂教学的重要补充方式。研学旅行强调中小学生的参与程度和治学因素，在活动中设置观察、访谈、操作、验证和体悟等实践体验环节，特别强调中小学生的感知、操作和语言等外部的实践活动，让中小学生动手、动脑，相互研讨，共同体验，重新审视在课堂上学到的理性知识与客观存在的关系，对知识进行再次解读，变知识性的课堂教学为发展性的体验教学。研学旅行的实践体验性，引导中小学生积极参与知识的形成过程，在一定程度上可以弥补理论与实际脱节，弥补学校课堂偏重知识、偏重讲授的“填鸭式”教学的缺陷，变被动学习为主动探究，使认知活动建立在实践活动的基础之上，用学习主体的实践活动促进学生的发展，最终实现全面发展。

（三）方法具有探究性

现代教学论研究指出，产生学习的根本原因是问题，问题引发兴趣，兴趣激发思考，探究性学习是新课程倡导的一种学习方式。自主性较强的研学旅行，为中小学生提供了许多发现问题、探究问题、解决问题的机会。在活动前，首先要确定研学主题和研学内容，学生要对学校提供的研学资源进行分析、比较，设定较为合理的研学方案。《关于促进旅游业改革发展的若干意见》中倡导：小学阶段以乡土乡情研学为主、初中阶段以县情市情研学为主、高中阶段以省情国情研学为主的研学旅行体系，这与家长自主安排的相关研学旅行的范围基本吻合，学生根据自身的体验经历，再综合多渠道的信息，以设计较为合理的研学旅行线路。研学旅行过程中会随机产生很多问题，遇到一些突发状况，也许是某些同学之前遇到过的问题，也许是所有同学从未遇到过的问题，学生们需要共同协商解决，经验证的解决方案成为以后解决类似问题的经验积累。相同的行程，不同的体验，行程结束后，学生们从各自的角度出发，围绕研学主题系统进行总结升华。需要说明的一点是，研学旅行的探究性学习不同于科学家的探究活动，重在体验科学家的探究过程，在提出问题环节、制定实验环节等都不同程度地进行了简化，重点强调在短时期内学到学科的基本知识和学科的结构。

（四）内容具有开放性

研学旅行打破了教材、课堂和学校的局限，延伸到自然、社会领域，加强了中小学生与自然、社会之间的联系。研学旅行的目标很灵活，不像知识目标那样具有明确的要求和水平，学生在探究学习的过程中，能够大胆地怀疑，提出问题，探讨解决问题的方案，对不同的结果进行分析，培养创新意识和创造能力。研学旅行的内容具有开放性的特征，从学校课程教学出发，如自然、物理、化学、生物等科学类科目，语文、数学、英语、历史、地理等知识类科目，都可以在旅行中找到相应的教学资源。还可以根据旅游资源设计不同主题的研学产品，诸如认知人与自然关系的生态旅游，培养爱国主义精神的红色旅游，了解中国传统文化的文化之旅，接触各行各业的科普旅游，体验农业生产、农家生活的乡村之旅，从多方位促进学生的全面发展。研学旅行在结果上的要求是开放的，在研学过程中，由于学生个体经验的差异性，导致趋向各自感兴趣的认知场阈，为学生的个性发展提供了开放的空间[35]；由于学生兴趣点的不同，看问题的方法不同，相互之间的研学，能够引导学生从多角度出发，全面地理解问题，使研学旅行的广度拓宽、深度延伸。

二、研学旅行的本质要求

如何让孩子们玩得既充实又安全，又没有经济负担，这是一个社会问题，也是一个现实问题，这一问题对研学旅行提出了本质性的要求。2016年教育部联合旅游局等共11个部门联合下发的《关于推进中小学生研学旅行的意见》中，指出了研学旅行开展的基本原则：安全性原则、教育性原则、实践性原则以及公益性原则，另外还要考虑中小学阶段研学旅行的连接，即系统性原则。

（一）安全性

研学旅行是由学校组织、学生集体参与、教师陪同指导的集体活动，在研学旅行落到实处的思考上，安全性是要放在首位考虑的。中小学生出行，家长和学校最担心的就是安全问题。中国的传统观念认为，只要出行，父母就会担心安全问题，无关乎年龄。在我国应试教育体制下，中小学生只注重学习、看重成绩，自理能力较差，而在行程中会遇到交通、住宿、饮食等生活细节问题，需要学生独自面对和处理；现在的中小学生多为独生子女，在行程中还会遇到与同学相处的问题，这些都加重了父母的担心。在研学旅行过程中还会蕴含着一定的安全风险和未知因素，因此活动前，学校要对学生进行安全教育，详细地介绍安全须知等注意事项。另一方面，家长还会担心行业不规范、学校组织不到位、相互推责等现象，而孩子的自身维权意识相对较差。因此出行前，教育部门要做好安全保障机制，对安全等方面进行专业论证，对承办机构的资质、随行教师和从业人员进行专业培训和相关资格审查，明确各参与方的责任，活动结束后要对每个细节进行反思和总结，多方位保障学生的安全出行。

（二）教育性

研学旅行是一项准公共产品，它的产生和出现是旅游活动特性的外延，与其他旅游产品的最大区别就在于教育性。研学旅行是以一种践行的方式来达到教育的传承，凸显教育的新模式，回归教育的本真。研学旅行的初衷是到目的地增长见识、开阔眼界、丰富阅历、锻炼能力等，饱览祖国的大好河山，领略五千年的历史文化，体验目的地的文化习俗、生活方式，增加学生的体验和感受，绝不是享受。研学旅行要遵守教育规律，结合学生身心特点、接受能力和实际需要，突出活动的教育目的和学生的成长指向[36]。研学旅行是有着丰富育人内容、多样方式、健全机制的德育实践育人项目[37]，鲜明的主题始终贯穿到研学旅行中，在知识、智力、情感、意志、心理等方面达到提高学生能力的目的，完善学生的综合素质，提高其综合能力。因此，研学旅行产品在开发时应始终围绕着素质教育和学习文化知识两条主线展开[38]。一是注重知识性。根据学科教学设置研学内容和路线，旅行中以研究性学习为主，如数学老师带领学生认识大自然的平面图形，地理老师带领学生看日全食、看星空，历史老师带领学生游西柏坡、井冈山等革命圣地，通过鲜明的主题和特定的设计与学科知识相结合，在实践中进一步拓展和延伸课本知识。二是素质的培养。研学旅行的主题要与学生的素质教育相结合，如寻访红色之旅的活动、弘扬中华传统美德活动、开展中国梦的实践活动等，主题具有时代性，引导学生们对书本知识进行生活化的应用。研学旅行是培养集体意识的一种好方式，通过学校的集体活动，注重品格和素养形成的每一个细节，在学习和思维进行的过程中，不断进行素质培养和深化已形成的素养。

（三）实践性

没有实践就不会有认识，实践提供了认识的可能，实践是世界和万物的创造者。随着素质教育的提出，中小学在理论教学的基础上逐渐加大了综合社会实践课程的比重，不断扩大校外活动场所的类型和范围，但由于人、财、物的影响致使实践场所受限，总体上多局限于学校范围内，或社区、养老院、儿童福利院等一些公益场所，校内的则多为模拟的实践场所，目前学校的综合社会实践课程多是受限的社会实践。人的实践具有社会性，个人的实践同社会有着密切的关系，中小学生只有真正走进工矿企业、革命圣地、博物馆、居民家庭，走向森林、草原、高山，融入大自然，才是真正意义上的社会实践。第一，以学校安排的校内社会实践课程作为基础，例如手工课、劳动课、科技课等，初步了解社会所需；第二，因地制宜，根据地域特色开设不同的社会实践课程，在与日常生活不同的环境中拓展视野、丰富知识；第三，根据学生的学习兴趣和特点，有针对性地选择不同的社会实践场地，亲近自然、参与体验、了解社会。

（四）公益性

目前，我国实行的是九年义务教育，2015 年中央十八届五中全会决定提高教育质量，普及高中阶段教育，国家发展和改革委员会宏观经济研究院副院长吴晓华对此解释称，实际上就是十二年义务教育，十二年义务教育势在必行。中小学教育都属于国家承担主要费用的公共事业，研学旅行是学校综合实践活动的重要组成部分，是素质教育的重要环节，因此活动具有公益性质[36]。普通旅游市场以追求经济利益为目标，与研学旅行的公益性难以协调，因此研学旅行不能单纯依靠市场运作，需要政府给予方向指引和政策支持。政府行政部门统筹协调，制定税收等优惠政策，推动旅游企业联合开发研学旅行市场；把研学旅行费用纳入教育体系，划拨开展研学旅行的专款，逐渐减少家庭负担的比例，多方位减轻学生的经济负担，促进研学旅行的可持续发展。研学旅行面向全体中小学生，学校要考虑对特困家庭学生费用的减免，不能开展以营利为目的的经营性创收。根据本地区的研学旅游资源，组织旅游部门和教育部门专家联合编写研学手册，形成系列主题研学旅行，供中小学自由选择。旅行社和研学旅行场所应根据青少年学生特点从内容设计、导游配备、安全设施与防护等方面研发产品，寓教于游。景区可以推出“景区课堂”研学之旅，根据不同年龄段、不同人群推出系列主题，可以把研学团队安排在旅游淡季，或周一至周五游客相对较少的时间段；针对研学旅行还可以推出门票优惠政策，对中小学生研学团体实行门票半价或全免优惠，免去带队教师的门票，但所有人需要购买旅游保险。研学旅行不仅是旅游企业淡季游客接待的最佳补充，也是服务社会、回馈社会、关爱青少年成长应当履行的社会责任。

（五）系统性

青少年的成长就是由一个自然人变成社会人的过程，是一个社会化的过程。研学旅行就是使素质教育的推进实践化，由单纯的书本学习、封闭性的学习，转向到自然、到社会中去体验、去实践，矢志青少年心灵成长的不变追求，形成良性的教育生态。从小学到初中、到高中，12 年的中小学教育是一个连续的受教育过程，课程设置具有连续性，那么研学旅行的开展就要有一个系统性的考虑。大部分学生 12 年的基础教育都是在同一个地区求学，如果没有系统性的考虑，可能在不同阶段会多次去同一个目的地进行研学。系统性可以从两个角度考虑，小学、初中到高中形成一套完整的研学旅行档案，一是三个教育阶段做好系统规划，保证它的多样性，尽量避免同等水平、重复性的研学主题；二是三个教育阶段的同一主题研究要不断深入，形成连续的、系统的主题研究。同时，研学旅行还要设计高端的研学产品，接触各个领域最先进、最前沿的问题，尝试与后续的大学阶段、工作阶段、退休阶段相衔接，形成个体发展过程中的完整研学旅行体系，使研学旅行常态化、系统化。

第四章　国外研学旅行发展的实践与启示

“回归自然、回归生活、学会生存、学会共生”，是联合国教科文组织倡导的教育理念。在发达国家，旅行被认为是教育的一个重要部分，早已成为青少年成长过程中一项重要内容。欧美国家拥有超过百年的游学历史，在亚洲一些国家及地区，其历史也有30～60年。在国内，研学旅行刚刚兴起，还处于市场培育阶段。日本政府早在20世纪50年代，就开始推进青少年野外活动训练，建立“青年之家”“少年自然之家”等，以促进青少年的野营活动；美国则建立了“享受自然、陶冶心灵”的“美国阵营联合会”；德国设立“青少年阿尔卑斯山活动基地”，让青少年学会挑战自然，挑战自我。

综观发达国家，游学领域都已形成较为成熟的行业规范体系。在一些国家和地区，作为青少年教育的重要环节，游学被纳入规范化轨道：有的国家成立相应部门或者协会负责行业管理，有的国家出台相应守则和指引加以引导，一些国家还对从业人员的职业资质有具体要求。下面就欧洲、北美洲、亚洲的一些国家进行介绍。

一、英国

古希腊、古罗马是欧洲文明的发祥地，古代西方哲人、科学家、社会学家的求知研学旅游最早在此兴起。毕达哥拉斯、阿基米德、亚里士多德等圣贤都是在周游列国的交流、考察、讲学中形成著作和学术思想的。欧洲研学旅游的高潮兴起于17世纪的“大游学”（the grand tour）运动，起初是英国、德国的贵族子弟到法国和意大利求学的“漫游式研学旅游”，正如亚当·斯密所说，“在英国，年轻人一到中学毕业，不等投考大学便被送往外国旅行，这已成为日渐浓厚的社会风气。人们普遍认为，我们的年轻人完成旅行归来之后会有很大的长进”。游学者一边游历名山大川、古城遗址、文化古迹，一边学习语言、文化、社交艺术、礼节礼仪等，游学人群逐渐扩大到了成年人，并且成为知识阶层和社会上层的一种生活方式。

（一）欧陆游学

作为现代旅游业诞生地的英国，一直以来就有崇尚游学的风气。早在 17 世纪，英国王室就有教师带领王子们周游列国的先例；到了 18 世纪，这种游学向英国上流阶层普及；到了 19 世纪，倘若当时英国的青年学子，尤其是贵族子弟不曾有过海外游学的经历，则会被人瞧不起。16～19 世纪期间，这种以接受教育为目的的旅行逐渐发展成为传统，在欧洲上层社会广泛流行，这样的旅行被称为“欧陆游学”或“大旅行”（grand tour）。其中，以英国贵族子弟的游学最为引人注目，到欧洲大陆观光游学成为英国上流社会的乡绅子弟或青年贵族接受教育的必修环节，在英国多有论著介绍或研究欧陆游学，如介绍欧陆游学的《考亚特寄语》（1611）、拉塞尔斯的《意大利游览》（1670）等。欧陆游学的目的之一是游览观光，欧洲大陆青年也纷纷效仿，目的之二是游学，把出游欧洲看作学业的继续。游学的原因之一，就是贵族阶级为了巩固对政权的统治，而开阔眼界、增长见识；原因之二，就是传承人文主义的精髓，接受艺术的熏陶，距离英国最近、与英国有历史渊源的法国成为游历首选，而意大利则成为游历的重点和中心。18 世纪后期，游学范围开始超出欧洲，少数英国游历者前往奥斯曼帝国的土耳其、埃及等地[39]；由于游学花费不菲，初期游历主体仅限于英国贵族子弟，随着工业革命的推进，逐渐扩展到中产阶级子弟，削弱了欧陆游学的贵族特色[40]。游历是对体能和心智的一种磨炼，由于当时的交通和住宿条件并不好，旅途异常艰辛，但大多数学子都能坚持下来，游历者经受了旅途考验。

在英国，年轻人一到中学毕业，便被送往外国旅行，这已成为日渐浓厚的社会风气。人们普遍认为，年轻人完成旅行归来之后会有很大的长进。至今，在英国仍然流行高中毕业后让学生们休学一段时间，开展旅游等社会活动的做法。今天，很多英国家长会选择在暑假带着孩子一起旅行，有些没有家庭出游计划的学生也会参加学校组织的出游，在旅途中学习知识。由于欧盟国家间往来不需要签证，所以英国学生的境外研学旅游较之非欧盟国家的学生更为便利[41]。

（二）夏令营

在英国，目前还没有针对夏令营学生安全方面的具体法律内容，但是大多数情况下，都是由活动的组织方——学校来承担学生的安全防范工作以及遇到紧急情况之后的应急处理工作。学校通常会安排足够的辅导教师全程陪同、组织和协调学生的所有活动。如果有需要，也会依法购买相关保险。此外，活动之前，学校一定会对学生进行安全教育，并且详细地介绍安全须知等注意事项。目前，除英国国内的学校组织夏令营外，也有不少组织会带领学生到英国各地游历。为便于管理，英国于 2011 年 5 月建立了一个夏令营或冬令营的强制注册系统。任何准备前往英国参加夏令营或冬令营的代理人或组织，首先要在英国大使馆文化教育处网站上注册，并通过审核，督促所有举办英国夏令营或冬令营的机构，要遵守相关规定并承担相应的责任，也在一定程度上对于英国游学市场起到规范作用[42]。

二、日本

在亚洲，日本是最早开展研学旅行的国家之一。研学旅行在日本被称为“修学旅行”， 修学旅行是日本的重要教育文化，同时也构成青春时代的一页，是至今为止日本学生最具有特色的集体学习活动。在日本人当中，很少有人会说“没有参加过修学旅行”。自从约 20 年前起，私立高中去海外修学旅行的人数不断增加，目的地包括韩国、中国和澳大利亚等比较近的国家或地区，会寻访当地的历史遗迹等。此外，最近还增加了一些新活动，例如住在日本国内的农村，参加农业劳动等。

目前，关于“修学旅行”的存废，在日本国内引起争议。部分高中已经取消修学旅行，其理由是，现代社会旅游已成为大众化项目，学校没有必要在授课之外组织学生到外地乃至外国进行“修学旅行”。但呼吁维持这个制度的意见仍占多数，其理由是，年轻人在人生感受性最强的中学时代，与同学一起度过数日，可培养孩子的集体意识，促进人格发展。

（一）修学旅行起源

平时，日本学校的课外活动就很丰富，称为“部活动”，其中又以体育类的“部活动”为多[43]。日本学校的假期一般为每年 3 次，寒假、暑假和春假，除了“部活动”以外，日本学生还喜欢在假期去修学旅行。发展至今，修学旅行已写入了日本国民教育大纲，纳入了学校教育法，被视作是学校教育的重要环节，成为日本文化不可或缺的组成部分。统计显示日本 90%以上的小学、初中和高中每年都会组织修学旅行。

起源于 1946 年的“修学旅行”，涉及从学习传统文化知识，到参观国家公园、访问历史古迹，涵盖了政治、经济、文化等各个领域。先前的修学旅行地点比较单一，大多集中在日本首都东京或古都奈良、京都等地，形式也以观光旅游为主。近年来，无论是修学旅行的地点还是内容，都变得丰富多彩起来，而且充满时代个性，又增加了以职业选择、自然体验、考察先进企业甚至体验商人活动等为主题的内容，贴近实际的教育活动进一步蓬勃展开。

政府明文规定，从小学到大学的各级教育部门必须开展国内、国外的修学旅行，修学旅行费用的补助由国家和地方财政共同承担，并且数额比重逐年增长。国家财政支持减轻了参加修学旅行活动学生的家庭负担，让普通家庭能够负担起学生的修学旅行费用支出，为日本的修学旅行发展提供强大的经济推动力。日本修学旅行是以单独的学校、班级为单位各自施行，由于日本实行地方自治，日本47个都道府县地方教委关于修学旅行的准则和标准并不相同[44]。日本政府部门对修学旅行有着非常严格的管理制度，每年各地教委出台本年度修学旅行的实施细则，具体包括实施旅行的学年、旅行天数、行程长短、所需费用以及随行教师的人数等，辖区内的中小学遵照执行[45]。日本的修学旅行一般都会委托给信誉良好的旅行社办理，路线安排也尽可能选择发生意外可能性最小的地方。

（二）形式丰富多彩

修学旅行是日本小学到高中阶段学校教育的特色环节，参加人数多，以青少年为主，市场广大且稳定增长[46]。日本的修学旅行依据学习内容细分为若干类别，比如参观国内历史遗迹的历史学习，重视持续性的自然体验，体验大自然的森林修学旅行和农业修学旅行，考察先进企业、体验商人生活的职业体验旅行等。

日本修学旅行依据年龄不同而确定目的地和内容。学校组织修学旅行活动时，小学生多是选择距离学校不太远的地点，一般就近安排参观名胜景点，参观地点通常定位在了解历史或自然体验。主要活动包括参观名胜景点、集体泡温泉等，主要目的是增强学生的团队精神、锻炼人格等。中学生则倾向于去陌生地区旅行，从初中生阶段开始，旅行范围扩展至整个日本国土。中学生参观地点包括国会议事堂、东京塔、日本银行总部、东京证券交易所等代表性景点，主要目的是体验和实践课本中的知识，让课本知识变得鲜活生动。高中生则更倾向于把参观地点定位在自然体验或了解战争的悲惨历史，常去的有冲绳、广岛、长崎等地点。日本初高中生常去的地方还包括企业、电视台、报社、政府机构等，目的是让学生了解毕业后可能去的工作场所，为未来参与社会或政治打下基础。此外，九州、四国等基本不下雪的地方，修学旅行还可能带领学生们去体验滑雪。总之，修学旅行的目的是为学生们提供体验自然、感受历史和了解社会的机会。

（三）海外修学旅行的盛行

至1964年，日本社会经济开始腾飞，政府颁布“海外旅行自由化”政策，出境修学旅行人数和频次激增，日本初中、高中开展海外修学旅行的件数和人数总体呈上升趋势[47]。事实上，从20世纪90年代起，日本初、高中学生的修学旅行就开始涉足美国夏威夷、意大利、中国、韩国、澳大利亚等，尤其是私立中学，更多选择组织学生开展海外旅行，甚至有的学校还将修学旅行作为招生简章的特色。近年来，以学习外语、培养国际化视野等为由，组织学生去海外进行修学旅行的学校不断增加。据日本修学旅行信息中心的统计数据，2008年度，日本全国共有944所高中组织了海外修学旅行，其中公立431所，私立513所，参加的学生人数为150975人。2013年日本有9. 3%的公立高中和35. 2%的私立高中都开展了海外修学旅行，旅行目的地主要有东南亚、北美、欧洲、中国台湾、韩国等国家和地区[48]。距离日本较近的东南亚国家一直是日本海外修学旅行的首选目的地，2008年东南亚国家占到24. 3%，其中新加坡居于首位。从2004年起中国进一步放宽了日本游客来华旅游政策，来华修学旅行的日本高中生突破了万人大关，中国逐渐成为日本主要的修学旅行目的地国家之一。

目前，日本开展海外修学旅行主要有两种模式，广岛盈进学园友好城市互访模式和大阪府清教学园姊妹学校交流模式，以高中生和初中生为主[49]。广岛盈进学园友好城市互访模式，多以政府、旅游部门官方机构为媒介，在友好城市之间展开，从 20 世纪开始，修学旅行活动就成为广岛盈进学园完成教育教学任务的必有环节。截至 2012 年，广岛县内已有 11 个市、町、村与世界上 19 个城市建立了友好关系，其中包括我国的四川省、重庆市、广州的新市镇。大阪府清教学园姊妹学校交流模式，清教学园通过姊妹学校建立合作关系，缔结中学生交流计划。多年来，姊妹学校学生彼此互访，同时由目的地学校联系旅游部门安排修学旅行活动。目前，学园已经与美国、中国、韩国、澳大利亚多所学校结为姊妹学校，建立合作关系，同时开展多项培训计划。

（四）政府的保障与支持

为了支持修学旅行的顺利开展，政府制定了一系列政策予以支持。这些政策或为发展修学旅行提供资源支持，或提供安全保障，或提供资金赞助等。国家财政支持减轻了学生参加修学旅行活动的家庭负担，让普通家庭能够负担起学生的修学旅行费用支出，为日本的修学旅行发展提供了强大的经济推动力。修学旅行的综合性决定了其顺利开展离不开政府相关部门的鼎力支持。例如日本的交通部门，一方面最新的交通工具都能马上应用于修学旅行，交通方式的变革引发修学旅行的变革，还为修学旅行的学生提供一定的价格折扣，为修学旅行开设专列等，保障修学旅行的顺利开展。

设立了专门的管理结构，财团法人日本修学旅行研究协会（Educational Tour Institute，ETI）是修学旅行活动的指导监督机构，指导修学旅行活动的组织和管理，监督修学旅行活动的运营质量，为日本修学旅行的发展提供了有力支撑。它以创造新型的修学旅行为目标，主要职责是对修学旅行展开研究、调查，进行资料信息的汇总及分析，并向社会各界提供广泛的修学旅行信息，诸如安全、交通、资金、学习环境、学习经验、理论研究数据等，处理有关修学旅行的申诉及请求，积极协调与相关利益部门的关系，同时为修学旅行提供资金及人力资源支持等[50]。

百余年来，日本修学旅行的形式和内容随时代变迁而变换，但一直遵循“安全性、教育性和经济性”的本质，今后也将继续秉承这三个基本原则，开展适应时代发展的修学旅行。

三、韩国

韩国鼓励本国学生以旅行的方式，了解本国的文化遗产，接受教育和影响。据悉，韩国的“修学旅行”制度始于 1900 年，普及于 20 世纪 70 年代之后[51]。几乎每个韩国人都在学生时代参加过各种类型的“修学旅行”，这种旅行已成为韩国独有的社会文化现象，被认为是青少年走出课堂、增长见识和交友的良好方式，被社会普遍接受。到了每年暑假，韩国各地大、中、小学生都会组团参加被称为“修学旅行”的各种海外考察、旅行和进修活动，以拓宽眼界、增加阅历。

（一）特色修学旅行

其中较有特色的形式是毕业旅行，韩国教育部门将毕业旅行作为学生的一门必修课程，纳入学分管理，只有参加并修得相应学分的学生才可以毕业。修学旅行也不局限于本国范围内，近年来，韩国高校每年输送大批的学生以观光为目的到中国旅行，如从 2002 年起每年组织 100 名大学生参加“东北亚大长征”，2014 年，“东北亚大长征”活动就选择高句丽的开国王城，即位于我国辽宁省的五女山城，以及高句丽时代遗址，包括我国吉林省集安市、敦化市、东京城等地进行考察[41]。由 50 多名学生组成“云岩抗日运动探访团”，沿着韩国著名独立运动家金星淑（字云岩）20 世纪三四十年代在中国展开抗日独立活动的足迹展开修学，分组考察上海、苏州、南京、武汉、广州、重庆和北京等城市，活动选择在日本战败的 8 月 15 日结束，以纪念韩国光复。

近年来，除了传统的观光和考察类型的“修学旅行”，韩国还出现了外语“修学旅行”、体育“修学旅行”、电脑“修学旅行”等新颖形式，在让学生们走出校门和家门的同时，培养他们对外语、体育、电脑等各方面的兴趣，寓教于乐，受到学生和家长的欢迎。

（二）“世越号”沉船事件影响

2014 年 4 月 16 日上午，“世越号”客轮在韩国全罗南道珍岛郡近海发生沉船事故，造成 304 人遇难(包括失踪者)、142 人受伤。在遇难者和失踪者中，大部分是檀园高中前去修学旅行的学生。事故发生后韩国教育部于 4

月 21 日发表声明，决定全面停止小学、初中、高中本年度上半学期的所有修学旅行，同时要求官员们仔细检查各学校出游计划的安全状况。沉船事件使所有学生和家长对修学旅行产生不安情绪，韩国教育部通过市、道（省）教育厅搜集学生和教师意见后，探讨大规模出行的修学旅行是否要保留，并提出改善方案。韩国教育部还将要求与学校签署现场体验学习合同的企业，必须把对学生和教师进行安全教育作为一种义务。

韩国执政党新世界党（Saenuri Party）议员 Yoo Ki-hong 表示，2013 年，发生在修学旅行途中的事故数量已经从 2011 年的 129 起增至 216 起，增幅高达 67%。当前的制度规定学生安全的全部责任是由学校承担，目前需要建立一个制度，将可能威胁到学生安全的因素全部考虑进去[52]。

韩国首尔市教育厅 2015 年 3 月 26 日发布的资料显示，截至目前，在韩国 1331 所中小学中，只有 46 所学校提交了“修学旅行”计划，比例仅占 3. 5%，有 131 所学校明确表示不组织旅行，组织修学旅行的中小学数量有所减少，学生家长尤其担心安全问题[53]。从问卷调查来看，学生家长虽然同意孩子们参加修学旅行，但是对于安全问题尤其担忧，有些家长甚至表示不希望自己的孩子出行。

安全问题是韩国教育部是否禁止修学旅行的关键因素，也是学生家长最关心的问题。“世越号”沉船事件暴露出韩国修学旅行中存在安全隐患，急需完善安全机制，落实安全责任。禁止出行并非保护学生的最好方法，关键是对安全问题根深蒂固的忽视心理，加强对学生和教师的安全教育，规范企业的操作流程，共同为孩子们创造一个自由、安全的社会环境。

（三）一种修学旅行——MT

MT，Membership Training 的缩写，在韩国大学内非常流行的一种集体旅行形式，基本上所有韩国大学都有。MT，以促进同学间关系为目的，并不是普通的集体旅行，一般以大一新生居多，大二开始基本就很少了。同一所大学、同一专业、同年级的学生们一起去外地租几间为 MT 专门准备的房子，在接下来的几天内自己做饭，一起做游戏、喝酒聊天的一种旅行。MT，不能算作完全意义上的修学旅行，只是学校组织的一种集体旅游，并不是所有学校的 MT 都不上课的，学生可参加也可不参加。

四、美国

美国家长较少有“望子成龙”的功利念头，孩子参加假期活动主要还是凭借兴趣爱好，所以研学旅行和夏令营、冬令营一样，为满足或培养孩子的兴趣爱好提供了多种多样的选择，是假期非常受学生欢迎的活动。美国霍奇基斯高中甚至曾组织 10～12 年级的学生去南极开展为期三周的探险之旅，让孩子们在考察南极半岛和周边岛屿，观察鲸鱼、磷虾群，拍摄帝王企鹅、海豹、冰山的同时，向随行的南极科考专家学习生态学和当地历史[41]。

（一）名校游

名校游是美国高中生假期的一项重要活动，学生和高校对其主题和目的都非常明确：学生利用假期游访高校，目的是尽可能地了解各高校专业特色、校园环境等信息，以便为将来升学选择做好准备；高校在接待这些高中生时，也希望通过讲座、校园参观等方式，尽可能吸引他们选择本校。为此，很多大学在接待高中生来访时，通常由招生办公室主办讲座，由教职人员讲解学校特色、专业优势、学生分布等，并由在读大学生带领这些潜在的“学弟学妹”参观校园，尽量使他们对本校留下较好印象[41]。

（二）夏令营

夏令营起源于美国，1861年夏天，来自康涅狄格州的教师肯恩率领学生进行为期两周的登山、健行、帆船、钓鱼等户外活动，以弥补学生在学校以书本为主的教育缺陷。迄今为止，夏令营在美国已有100多年历史，现有2万多家夏令营机构，相关法律规定、具体操作过程规范都已相对成熟。成立于

1910年的美国夏令营协会承担着全美夏令营项目的认证、宣传、管理等职能。按照相关规定，在正规夏令营中任教的老师需要获得专业的认证，负责海外游学的夏令营老师还需要得到国际的认证。很多美国的夏令营老师和教练为获得相当资质，特意到国外参加相关培训和考试，其内容包括健康与安全、如何与孩子及家长沟通、青少年心理、紧急情况处理等，经过反复的严格筛选才能成为夏令营的老师和教练[42]。

五、其他国家

（一）欧洲其他国家

德国巴伐利亚州政府也明确将修学旅行及其载体青年旅社写入了当地的教育法，对修学旅行的课程、方式、时间等都作了明确的规定。

在法国，青年与体育部负责管理和监督暑期开放的各类未成年人活动中心，这一点以法律条文的形式写进法国《社会家庭法》。青年与体育部会派技术顾问，专门负责检查夏令营的住宿条件，勘察营地实际情况，撰写并向上级机构提交相关报告，以法律规范暑期夏令营活动。

（二）亚洲其他国家

在新加坡，修学游组织者会安排团员参观学校，由校方介绍新加坡的教育体制、学校情况、招生条件和要求等，与当地学生一起听课用餐、相互交流，同时组织一系列的海洋生物、野生动物知识的游览，开阔视野，丰富知识。

在澳大利亚开展修学游，学生须有监护人陪同。在旅行中，通常学校会安排一位教师做临时监护人，这位监护人需要负责所有孩子的安全、饮食健康和生活安排。在紧急状况下，比如孩子受伤，临时监护人首先要与父母取得联系，在父母无法取得联系的情况下，临时监护人可以进行判断和自行处理。澳大利亚监护人制度不单单只适用本国学生，对于国际学生来澳大利亚就读，只要他未满 18 岁，同样也必须要有监护人[42]。中国学生到澳大利亚去游学，则是选择一所学校为基地，安排一定时间集中授课，同时边游边学，在旅行中提高英语水平[54]。

第五章 我国研学旅行发展历程

近年来，随着社会各界对创新素质教育的高度关注，以夏、冬令营为主要形式的中小学生研学旅行持续升温，其中尤以出境研学为最。随着国民对教育关注度的持续提升、对积极教育实践的极大热情、对跨文化交流扩展眼界的殷切需求，3～18 岁青少年逐渐成为文化消费的主流群体。研学旅行是人生时间、空间的一种延展，游与学紧密结合。

一、现行修学游的缺陷

当前中国的“修学游”尚未形成成熟的市场，不仅仅因为中国还没有形成像日本那样完善的“修学游”实施制度，还因为旅游部门尚未大规模推出适合学生的“修学游”产品。由于缺乏政府部门的引导而纯粹交由市场运作，在“修学游”运行操作过程中，“修学游”演变成了普通的观光旅游，失去了其教育性[55]。

2002 年是“修学游”最火爆的一年，旅行社相继推出了修学团、英语夏令营、名校游等旅游产品。很多学生家长希望孩子到国内外知名院校考察，为将来的求学、留学热热身，“名校游”成为“游学”类产品的大热点。国外的修学游线路大多为英国、美国、澳大利亚等留学热门国家，国内的目的地则集中在北京、南京、上海、西安等高校或历史文化城市。[56, 57]旅行社组织的“修学游”还是没能摆脱传统旅游的束缚，存在着产品单一、质量差、过于追求功利性等问题，其产品仍没有突出“修学游”的特色。同时“修学游”热也暴露出不少问题：出游时间太短，走马观花式的游览并不能满足考察的目的；本质上还是以“游”为主，“学”的成分较少，仍然停留在较低的旅游观光层次；由于打着“教育”的招牌，游学费用较高。2000年，中国成为日本修学游的首选目的地国家，而北京占全国接待人数的85％[58]。北京多所对外交流学校向日本修学旅行团开放，除了与北京学生在校园内进行文体交流外，还有许多有特色的体验性旅游项目，如北京胡同游、绿色环保游、修复世界遗产参与体验旅游等。相对于入境游学市场，国内游学市场更显不足。反观国内的“名校游”，仅限于逛校园、拍景点，无法了解学校的教学设施和教学水平，由于影响正常的教学活动，反而引起某些高校的反感；“名校游”作为吸引人才的途径，国内的高校并没有引起重视，没有专门的接待组织，处于无人管理的状态。

“只游不学”的“中国式修学游”还是相当不错的，有些学生根本就无法进入校园。数据显示，仅两成的团队能进入北大、清华这样的高校，多数只是在校外转一圈而已。至于那些家在农村，家庭经济收入不是很富裕的孩子，根本就不能到达北京，北大、清华更是只能在梦中才能相见[59]。

与北京、上海等地较成熟的研学旅行产品相比，我国的研学旅行整体仍然停留在发展的初级阶段，虽然每一年市场上夏令营、外国“名校游”等研学旅行产品扎堆，但起步较晚、商业化外衣掩盖之下的研学旅行可以说是千疮百孔。

二、从旅游教育功能到研学旅行

我国旅游产业规模日益壮大，产业地位不断提升，但旅游业的产业经济理论研究却显得比较滞后，尤其是针对旅游业产业功能和产业地位的理论依据更加匮乏[60]。张广瑞先生在《旅游学刊》1996 年第 1 期刊登发表的文章《旅游真是产业吗》，围绕旅游业是否为产业的问题进行了深入分析，点醒了人们对旅游业的本质认识：旅游业是一种社会现象，远不止一般意义上的产业[61]。

（一）社会教育功能异化

旅游的综合特性决定了旅游的功能或作用是多种多样的，文化功能、经济功能、教育功能、情感功能等。长期以来，由于实用主义思想的误导，导致人们对旅游认识的局限性，将广泛意义的旅游功能仅简化为经济功能，对旅游功能的片面定位，使旅游功能出现异化现象，主要表现在夸大经济功能，强化政治功能，弱化社会文化功能，诸如文化、教育等功能没有得到应有的重视[62]。改革开放以来，伴随着国家旅游管理体制的变革，国际旅游研究思潮对“人”的重视，中国旅游业的功能转换经历了政治功能到经济功能，再到促进人的全面发展的教育功能的演变过程，旅游专家们开始重视旅游业的社会文化功能[63]。

国外对旅游的教育功能研究从20世纪60年代开始，主要集中研究旅游的教育动机、教育功能开发和教育影响三个方面，生态旅游和环境解说的教育功能是研究热点。国内在旅游活动对旅游者的教育影响、旅游教育产品的开发、旅游教育资源方面的研究较为突出，教育功能集中于德育功能研究，教育旅游、生态旅游和红色旅游是旅游教育产品研究的热点，并进行了实证研究。但旅游的教育功能研究尚处于起步阶段，对旅游的教育功能的重视程度不够，理论研究滞后于旅游活动实践[64]。

我国景区功能退化，本来作为公共产品的各类国家级景区打着“文化”的幌子申请世界遗产，实则是经济或政治动因，丧失了教育文化功能。2012年我国首次成为世界第一大出境客源国，2015年出境人次和旅游消费均列世界第一，消费力不可小觑。强烈的出境旅游意愿，强大的购买力充分展示了我国经济发展的成就，却忽视了文明的传播，中国游客的不文明行为在国外频频被曝光。

（二）强化社会教育功能

随着新兴旅游方式的不断增加与游憩活动的深入开展，人们不仅对活动参与性的欲望增强，而且渴望在旅游中进行娱乐并获取知识。旅游在它产生之初便有求知、学习的印记。在旅游过程中，可以增进人们的知识、技能、身体健康以及形成或改变人们的思想意识，教育和文化动机是国民外出旅游的重要动机之一。因此在旅游产品开发中更应注重旅游教育功能的开发，旅游更应承担对推动社会进步所必需的知识、文明和人文精神的传承和教育的职责，旅游可持续发展必须重视发挥旅游的社会教育功能，使异化的旅游功能回归本位[31]。吴必虎认为修学旅游、教育旅游、校园旅游、工业旅游、观光农业旅游、学艺旅游、科学考察和地质旅游作为新兴的旅游产品，具有教育功能。任何旅游资源都能实现一定的教育功能，但只是某些专项旅游产品的组成部分，并未真正形成专门的以教育为主题的旅游产品。

旅游教育功能的发挥有利于延长产品的生命周期，进而获得更大的经济效益，更重要的在于提高全民族的文化道德修养。因此，有必要把旅游的教育功能研发为专门的旅游产品。开发以教育为主题的旅游产品是增强旅游教育功能的最佳方式。研学旅行是一类特殊性旅游，难以期待在一般性景区景点中仅仅依靠普通的旅游活动来加以实现[65]，只有强化旅游活动的社会教育功能，形成完整的旅游教育体系，才是真正意义上的研学旅行。

以社会教育功能理论为视角，开发旅游的教育功能，其基本要求就是丰富旅游资源的教育功能，提高旅游资源的利用价值，提供具有教育功能的旅游产品，实现旅游的综合效益。从社会教育角度而言，旅游教育功能的研究有利于促进社会教育资源创新，促进社会教育发展。通过旅游和教育的结合，提高旅游资源和旅游的价值，使旅游资源成为社会教育资源的一个重要组成部分，使旅游地能成为教育活动的基地，使旅游消费成为教育消费或文化消费的一个重要组成部分，使游客在旅游过程中获得更多知识，在游玩中获得全面发展，为教育和社会的发展服务[31]。

还有一点需要提及，除了旅游者在旅游过程中获得知识、技能，甚至思想意识的改变，旅游目的地的居民也应该从旅游中获得受教育的机会。相应地，研学旅行的开展，青少年学生首先需要研学的对象就是所在的市区、城市，然后再是省内其他城市，然后再到省外。本书只谈对旅游者教育功能的研究。

三、研学旅行试点推广

现代教育意义上的游学，是20世纪随着世界和平潮流和全球化发展进程而产生，并逐渐成熟的一种国际性跨文化体验式教育模式（experiential learning model）。将大中专院校、社会机构和博物馆等历史文化单位纳入社会教育资源范畴，面向国内外青少年学生开设游学课程，同时承认本校学生在国外及校外选修的游学课程学分，积极鼓励并正确引导青少年学生到人类不同文明的文化环境中去探访（adventure travel）并沉浸（language immersion）其中，通过亲自体验进而学习和理解非母语或非本地的历史文化传统，同时强化提高外语水平。研学旅行在许多发达国家已经十分盛行，而我国现代意义上的研学旅行则出现于20世纪90年代的中期，仍处于起步阶段。

（一）试点推行

在我国范围内，北京市 1985 年开始正式接待日本修学旅行团；山东省1989年推出“孔子家乡修学旅游”；2003年上海市成立“国际修学旅游中心”；2006年山东省成功举办了中国第一个研学旅游节庆活动“首届孔子修学旅游节”，其后，曲阜、苏州、潮州、韶关等传统文化资源地相继提出打造“修学旅游品牌”，开发出儒家文化、红色文化等具体的研学产品；2008年国家推行“国民休闲旅游计划”，广东省等试点将研学旅行纳入中小学教学大纲；2016 年厦门集美利用教育资源和文化优势打造国家级示范性国际化的学生教育营地，成立了集美国际研学旅行联盟，这是政府主导、企业运作的旅游产业经济时代[15, 66]。

为贯彻《国家中长期教育改革和发展规划纲要（2010—2020年）》要求，培养学生创新精神和实践能力，推进素质教育全面实施，2012年年底，国家教育部发文着手开展中小学生研学旅行试点工作，在安徽、江苏、陕西、上海四省市进行研学旅行的试点工作部署，苏州、合肥、西安被确定为首批试点城市，积极探索如何开展研学旅行活动。2013 年 9 月召开了研学旅行工作中期研讨会，全面总结试点工作的经验、深入探讨遇到的困难，合肥市教育局受邀参加介绍活动开展的经验。2013 年 11 月在江苏宜兴召开全国示范性综合实践基地建设培训会，探讨如何以综合实践基地为依托，开展研学旅行活动。研学旅行让学生走出校园，贴近自然和社会，是素质教育新的增长点，也有望成为旅游创新发展的增长点。

在 2013 年研学旅行试点工作取得较好成效的基础上，为进一步推动试点工作的深入开展，2014 年 3 月，教育部基础教育一司决定在前期试点基础上扩大试点范围，下发《教育部基础教育一司关于进一步做好中小学生研学旅行试点工作的通知》，将河北省、上海市、江苏省、安徽省、江西省、广东省、重庆市、陕西省、新疆维吾尔自治区纳入试点范围。国家对于游学产业加大了支持力度，据不完全统计，至 2014 年年底试点地区约 574 所学校、60 多万名学生参加了研学活动。

研学旅行既培养了学生的生活技能、集体观念、创新精神和实践能力，又带动了国内旅游增长。目前，研学旅行的运行还有一定风险，存在思想认识不到位、协调机制不完善、责任机制不健全、安全保障不规范等问题，使得研学旅行在一些地区和学校难以深入开展。目前，各试点省、市的试点工作多停留在本市、本省范围内，在实际的推行进度上还不够理想。国家对研学旅行的重视，给旅行社指出新的发展方向，学校也将外出研学旅行当作“课程”对待，各界对研学旅行的认识更加专业。

（二）安徽省

1.制定行业规范

2012 年 2 月 1 日，安徽省教育厅印发《关于开展中小学生研学旅行试点工作的通知》，开始研学旅行试点。《通知》中给研学旅行下了明确的定义，并制定了操作方便的技术性要求，如研学旅行的活动范围和时间长度。2014年，安徽省旅游局又牵头制定了《旅行社研学旅行服务规范》，成为全国首批发布研学旅行规范的省份。随后又发布《研学旅行基地建设与服务规范》（安徽省地方标准），率先引领研学旅行标准化工作的展开，为规范研学旅行市场、保障研学旅行的安全与质量，奠定了良好基础。2015年旅游工作会议明确提出将研学旅行作为重点旅游产品推动开发。2015年筛选并发布《首批省级研学旅行基地》名单，包括非物质文化遗产、生态农业等10个类型的景区和单位，每个类型命名1个景区或单位。2017年2月，安徽省旅游局又公布命名15家单位为第二批“安徽省研学旅行基地”。面对日益升温的研学旅行市场，已形成了一些知名研学旅行品牌，比如安徽万达环球国际旅行社的“行知学堂”、安徽中青旅的“第2课堂”等。2016年4月16日，由安徽省旅游局主办的安徽省研学旅行推广启动仪式暨研学旅行研讨会在蚌埠市举行，同时推出安徽研学旅行精品线路、指导手册等一系列具体可操作性的成果，意在深度发掘研学旅行市场，打造安徽旅游的新增长极。下一步，安徽还将在全国物色研学旅行基地，开发研学旅行体验活动。在研学旅行的建设和推广上，安徽又一次走在全国前列。

2013年4月，合肥市教育局制定了《关于开展合肥市中小学生研学旅行的指导意见》，有28所学校被确定为研学旅行学校，一方面鼓励全市各级各类学校广泛开展研学旅行活动，不只局限于试点学校；另一方面对研学旅行校本课程的开发、研学旅行的时间及范围、各项安全预案的制定、旅行社的选择等进行了明确的规定。合肥市的研学旅行活动受到教育部领导的重视和肯定，于2012年9月和2013年9月，受邀参加全国首次研学旅行座谈会和全国研学旅行试点工作中期研讨会，在大会上分享合肥市的经验和做法。

2.工业旅游品牌

2012年年底，合肥市成为首批研学旅行试点城市。合肥市是工业旅游资源相对丰富的城市，早在试点工作开始之前的2008年7月，合肥市在全国率先启动“万名学生合肥工业游”活动，让学生走出课堂，走进工厂，把工业游作为学生社会实践课程的重要内容。2013 年，合肥有万名中小学生参与以“工业游”为主题的研学旅行：参观美菱冰箱展览馆，体验冰箱制作过程；走进伊利，看看牛奶如何生产……2016 年，结合“工业立市”的发展战略，推出“研学旅行”“合肥科教游”和“合肥工业游”等中小学的特色校外实践活动，致力于打造研学旅行的“合肥模式”[67]。

2013 年，合肥市教育局对全市约 50 所学校近 4000 名学生进行问卷调查，93. 2%的学生表示有兴趣参加工业游活动[68]。出发前学校会组织学生们对目的地进行预习，研学旅行结束后，学校都会以征文、演讲、绘画、摄影等多种形式进行总结升华，并以成绩形式计入学分。在研学地的选择上，原则上小学四年级以上在本地、初中在本省、高中在国内。在研学点的选择上，就年龄特点和学科教学内容进行安排，如针对小学生安排到高科技农业园区温室大棚进行参观，江淮汽车的生产线适合的就是初、高中学生。高中阶段计入学分，义务教育阶段纳入综合素质评价。合肥市还制定了《中小学校学生人身伤害事故预防与处理条例》，明确细化学校的责任。每次研学出行前，合肥市教育局均会严格要求学校配备安全预案，做到让家长放心。

3.多方积极开展

2016 年 11 月 11 日，安徽省召开中小学社会主义核心价值观教育暨 2016 年度中小学德育工作会议，会议总结了近几年全省社会主义核心价值观教育和德育教育工作上取得的成绩。自 2015 年以来，全省中小学广泛开展“少年传承中华美德”系列教育活动，亳州市九中“优秀传统文化教育”在全国会议上作视频交流；合肥市被国家选定为全国“研学旅行试验区”；目前已经建成 6 所综合性实践教育基地，各县区实现了校外活动场所全覆盖，在开展研学旅行方面积极进行探索。

黄山市为“中国研学旅游目的地”城市，早在 2015 年就率先启动研学旅行新业态的产品研发，专门召开“创建徽文化研学旅行实践教育基地”研讨会，挖掘和整合地方旅游与文化资源，结合“乡村旅游”“生态旅游”“农事体验”“红色旅游”等资源，让“学”与“游”深度融合，推出以“亲子游”为主题的研学旅行产品。

安徽出版集团适应新形势发展需要，优化自身资源打造文化旅游新业态，开拓创新研学旅行新业务，专门成立时代华景研学旅行教育公司，通过研学教育实现文化与旅游嫁接，全力打造全国研学教育一流品牌。2016 年 12 月 10 日安徽省启动“百万学生研学旅行”，暨五千年文博园“朴初学堂”的揭牌仪式，标志着安徽研学旅游进入新时代。五千年文博园探索旅游与研学深度结合，创立朴初学堂，近 30 所学校将景区定为“社会实践基地”“写生基地”或“研学旅行基地”。2017 年全年，时代华景研学旅行教育公司将组织全国各地百万名学子赴五千年文博园“朴初学堂”及全国各地研学旅行等基地进行研学旅行课程活动，此次安徽“百万学生研学旅行”包括非物质文化遗产文化大讲堂、徽派建筑之美、趣味拓展、云草画等特色课程。

4.安庆一中示范样本

作为百年名校的安庆一中，响应安徽省教育厅开展研学旅行的号召，2013 年暑假组织 30 名高中生赴武汉开展研究性学习，成为安庆市中小学开展研学旅行的开拓者。以《武汉文化圈的形成及对我国社会发展的影响》为总课题，下设 20 个子课题，由学生任选子课题分组开展探究学习，将课题研究作为旅行的载体，引入课题制与导师制，在当时属于省内首创，乃至在国内也鲜有所见[69]。2013 年武汉研学之旅，全部完成 9 个子课题，从选题到收集素材、论证、修改、答辩等都由学生们自己完成，更加突出学生的主体地位。

作为中学生的研究性学习，不在于研究活动对学术研究的贡献，关键是参与者有没有独立的思考，关键是培养学生对问题研究的兴趣和思维方法，使学生对知识点的机械记忆、浅层理解和简单应用，发展成为具有知识综合运用能力和解决问题的能力，提高学生的综合素质。旅行的结束并非研学旅行的结束，2014 年 3 月，学校以论文、调查报告和随笔的形式汇编成《人文科学探究性学习课题研究成果汇编》（2012 级高一研学旅行记录），记录学生们的研究成果，对表现优异的同学予以表扬并颁发证书，至此 2013 年暑假武汉研学旅行活动正式结束。

作为研学旅行的延伸，新的研学继续行进在路上。由历史组教师研究选题框架，公布选题，同学们按照自己的兴趣自主申报，由同学们编写出包括《两河流域的历史遗迹》等在内的校本教材，学生们还拿着自己编的教科书走上讲台。早在 2011 年，学校就要求高一年级所有学科编一本校本教材，并在高二上学期开设，每周两节，学生可以自由选择课程，走班上课，到 2014 年 4 月，安庆一中已进入第四批校本课程编写。安庆一中校长徐晓春在为研学旅行课题成果汇编作序言时强调，研学旅行与校本课程选修、大学课程先修及高中生涯规划相结合，使高中学习与大学接轨，为学生综合素质的全面提高，尤其是研究问题的兴趣和方法打下坚实基础，为同学们进入大学深造铺好成功之路。

（三）陕西省

1.试点工作有序开展

西安作为研学旅行的首批试点城市之一，早在 2013 年、2014 年，西安市教育局就先后印发了《西安市中小学研学旅行试点工作计划》，提出“积极动员社会力量，充分挖掘社会优质公共资源”，首批中小学试点 54 所。2014 年第二批再次确定 115 所试点学校，2015 年扩大试点范围，全市超过 50%的学校进入试点。截至 2015 年年底，已有 600 余所中小学参与研学旅行试点工作，出行学生达 40 余万人次，西安市研学旅行试点工作获得教育部肯定[70]。截至 2016 年 8 月，据不完全统计，三年来西安市累计有 1000 余所学校的 60 余万名学生走出校园，进行研学旅行。

2015 年，西安市教育局和西安市旅游局联合下发的《关于规范中小学研学旅行服务工作的实施意见》中，公布了西安市第一批 10 家研学旅行及研学夏（冬）令营旅行社、4 家赴台湾地区研学旅行旅行社、5 家赴境外研学旅行旅行社的推荐名单及业务范围，对于被推荐旅行社实行动态管理，根据需求将陆续推荐第二批、第三批旅行社名单，逐步规范研学旅行服务工作。2016 年 11 月 1 日，西安市政府下发《关于推进中小学研学旅行工作的实施意见》，要求各中小学（含中等职业学校）要根据教育教学需要，将研学旅行纳入综合实践活动课程和社会实践活动计划。西安市编著出版《研学旅行在西安》作为研学西安的指导教材，由试点转向全面推开，基本上实现了研学旅行的课程化。据西安市教育局相关负责人介绍，从2016年秋季入学开始，西安市中小学校研学旅行实现全覆盖。

2.形式丰富多彩

与传统课堂教育不同，西安市将研学旅行的育人目标重点放在了激发学生求知乐趣和科学精神、提高困难危机处置能力、参与社会活动综合能力等方面。西安市在目的地单位门票收取、出行保险、安全防范措施等方面制定了具体的实施对策，并通过致家长的一封信，获得了家长对研学旅行活动的支持；挖掘社会教育资源，从红色革命遗迹、丝绸之路研究等18个方面确定研学旅行项目，优选上百个研学旅行主题活动方案，供试点学校结合教育教学实际选用。帮助服务单位、接待单位制定了上百个研学旅行一日、两日或多日方案，形成了四面八方布点、各具主题特色的研学旅行“西安教育地图”。

研学旅行产品形式丰富多彩，如法门寺景区的研学旅行项目——国学讲座、抄写《道德经》、食素斋、学习佛教用餐礼仪等，杨凌农博园的农业主题博物院科普参观、DIY创客空间蝴蝶标本制作、超微观察实验课堂等，从小学生到高中生，根据季节不同设置不同主题的研学旅行项目。省内其他景区，如翠华山、半坡博物馆、阎良航天城、大明宫遗址公园、汉城湖遗址公园、照金薛家寨香山等都是研学旅行景区。“一个博物院就是一所大学校”，博物馆是西安研学单位中的重点场所，学生在博物馆身临其境地与历史展开“沟通”。前往汉阳陵博物馆体验别开生面的“汉文化学堂”，穿汉服、学习汉礼仪等。陕西省历史博物馆作为国家公布的研学旅行示范基地，学生群体占游客总体的45%～70%，每天接待有组织的研学旅行团队至少1500人[71]。从2006年开始，八路军西安办事处纪念馆按照“重参与、重过程、重体验”的教育理念，探索出了“我是小八路”青少年文化体验活动，感受军旅生活、传承红色文化，拓展革命纪念馆的社会教育功能，打造公众教育平台。小学生穿上八路军军装，开展了射击演练、摇纺车纺线、挑扁担运弹药投弹、吃小米饭啃窝窝头等体验活动，已成为西安市开展精神文明建设活动的一个组成部分，是对未成年人进行爱国主义教育和革命传统教育的最佳方式。

3.西安模式

西安市深入挖掘独有的历史传统文化优势，全力打造文化旅游、生态保护、爱国主义、航天科技、寻根祭祖五类精品研学旅行示范基地，制定了 18 个方面的教育内容，在研学旅行之路上形成了“西安模式”。积极开展研学旅行工作交流，西安市教育局赴武汉、上海、北京等地考察研学旅行工作，同时应邀前往北京市、宝鸡市等地推广经验，接待武汉市教育局、济宁市政协等单位进行调研。2016 年 11 月 22 日，在全国基础教育学习论坛暨研学旅行在中国西安现场会上，教育界人士聚焦研学旅行“西安模式”，将西安作为全国研学旅行目的地城市加以推广。在论坛上，由西安市 8 所学校、8 家服务旅行社、8 个研学基地开展的 8 个主题活动，展示了西安研学旅行工作取得的成果，同时向与会代表赠送编纂出版的《西安市中小学研学旅行主题线路指导手册》（小学版、初中版、高中版）和《研学旅行在西安——西安市中小学研学旅行工作的探索与实践》，旨在推动研学旅行的课程化进程。论坛期间还举行了首部反映西安研学旅行教育题材电影《爱我吧，长安》的新闻发布会，西安研学旅行经验得到了国家有关部局的肯定，各地代表共同交流、研讨不同地区的做法和经验，共同研讨研学旅行的发展方向。2017 年 2 月 21～23 日，“第三届全国研学旅行高级培训”由陕西煜恒国际教育旅行社承办，西安市教育局副巡视员田征专题讲解《西安研学旅行的九维要素实践模式》，分享西安的实践经验。从 2013 年试点工作开始，逐步形成了包括政府主导、部门协作、经费支出、组织规范、基地课堂、课程推动、安全保障、宣传引导、评价激励九个方面在内的九维要素实践模式，西安模式受到全国专家学者的关注和好评。

西安通过丰富课程体系、探索保障机制、整合资源平台等，试点工作取得良好成效，西安模式获得教育部肯定，受到社会各界关注。西安市研学旅行多为一日行程，主要是围绕西安市展开，比如周边的关中民俗博物院、翠华山自然地理考察游、城墙历史文化游等，已形成了学校、景区、旅行社之间的协作模式，下一步希望学校能够走出陕西省，有条件可以走出国门了解世界。

4.西安“自然成长营”

知识偏颇、体格羸弱，是现代中小学生的真实写照。2007 年，年过花甲、有“陕西户外运动鼻祖”之誉的任真与五个志同道合的家长创办了以“走进自然、增长灵性、锻炼身体、快乐童年”为宗旨的民间公益组织“自然成长营”，2014 年 9 月，经西安市民政局批准正式成立了民办非企业单位“西安知行游学研究中心”，2015 年 1 月 8 日，《人民日报》刊文报道。利用周末、节假日带上万个家庭走进秦岭七十二峪口千余次，接受自然成长教育的洗礼，除服务于本地家庭外，其中也不乏北京、上海、杭州、深圳等地慕名而来的家庭。对于孩子的出行安全，周密计划、严密组织、备有预案，从线路设计、户外常识及安全教育、出行地的部门沟通、突发事件的应急预案，各方面都做了详细的安全预案。

作为研学旅行先行者的“自然成长营”，积极探索自然教育，积累了可资借鉴的经验。通过启蒙、引导的方式，强调如何获得知识，让孩子们在山野间接受教育、经受锻炼、健康成长，让孩子与家长共同成长，“自然成长营”广受欢迎。目前“自然成长营”坚持做公益，团队里管理员都是多次参与活动的孩子父母，利用业余时间为更多家庭提供志愿服务。国家颁布政策、教育部开展试点、家长的积极参与，凸显出对自然成长教育的客观迫切需要。

（四）江苏省

1.苏州市

江苏省是教育部率先开展研学旅行试点工作的 8 个省份之一，江苏省之前的试点城市主要是苏州。苏州市 2013 年启动中小学生研学旅行试点工作，成为江苏省唯一的试点地区。2013 年 4 月，苏州市教育局制定了《关于开展苏州市中小学生研学旅行试点工作的意见》，出台了本市中小学生研学旅行的具体实施方案，11 所中小学成为苏州市首批研学旅行试点。具体实施方案中，对研学旅行开展的时间和年级分别做了界定，鼓励试点学校可根据教育教学活动的实际情况和需要灵活安排，鼓励利用双休日、寒暑假开展活动；明确研学旅行是基础教育课程体系中综合实践课程的重要组成部分，由学校根据区域特色、学生年龄特点和学科教学内容，组织安排学生通过集体旅行、集中食宿的方式走出校园。2016 年苏州市又被国家教育部命名为全国中小学研学旅行实验区。

2.南京市

在国家利好政策的鼓励下，越来越多的地区尝试组织研学旅行。南京是六朝古都，历史文化深厚，为了让全市中小学生对自己生活的城市有更深刻的了解，市教育局以及市旅游委在小学阶段启动 2016 年“金陵少年游”研学旅行项目。通过对南京城墙、名人等线路的参观学习，让学生了解南京的历史文化，参与试点学生接近 2000 人。据悉，南京未来每年都会举办这样的研学游活动，且参与学生也将不断增加。

据悉，南京不少小学自行开发了研学旅行类校本课程，让孩子们走向校外，促进书本知识和生活经验深度融合，全面提升综合素质。致远外国语小学每个学期都有半天的“跟着教材去旅行”的课程，新创办的民办小学玄武外国语学校附属小学 2016 年度第二学期开设了博物馆、图书馆和“STEM”项目三类校外课程。南京不少学校已经先行在校本课程中增加“跟着教材去旅行”“访学护照”“博物馆课程”等研学旅行内容。

（五）其他地区

重庆市是教育部批准的研学旅行实验区，也是全国唯一的省级实验区。在过去的 5 年时间里，共组织了近 30 万青少年学生赴爱国主义教育基地、革命传统教育基地、历史文化教育基地等，开展丰富多彩的主题教育活动，弘扬和传承爱国主义精神。在 2017 年重庆市青少年社会教育协会第二次会员大会上，相关负责人表示，共青团重庆市委将大力实施百万青年“红色之旅”主题研学旅行行动，继续深化“红色之旅”活动品牌，引导青少年在研学旅行中了解民族历史和现代化建设成就，使广大青少年树立正确的人生观、价值观、世界观。重庆市按照《关于推进中小学生研学旅行的意见》要求，进一步优化了“学天下、行天下、成天下”的研学旅行课程体系，即以践行和培育社会主义核心价值观为指导，从家乡、祖国、世界三个层面，构建了“行走家乡”的研学旅行课程、“览胜祖国”的研学旅行课程、“阅读世界”的交流学习课程，开展“研学旅行+”的活动，让学生行走在真实的社会生活中和大自然风光中，以满足个性化、多样化的研学旅行教育需求。

早在 2008 年广东省就通过《关于加快广东旅游业改革与发展建设旅游强省的决定》，把研学旅行列为中小学必修课程，编入教学大纲。在这方面，国内也有一些实践经验值得推广和借鉴。比如，近年来，北京市开展了中小学生“社会大课堂”活动，把全市各种社会教育资源都分门别类地编制成资源库，为学校开展实践活动提供参考和借鉴。2016 年关于推进中小学生研学旅行的意见由 11 部门联合下发后，北京市教委在寒假前下发通知，要求学校和家长在寒假期间多引导学生参与各种实践体验活动，作为学校组织的研学旅行活动的有益补充，激发兴趣、发展特长、培养社会责任感和创新精神。在安徽省铜陵市的铜官山区启动了“德育大联盟”活动，全市的社区、事业单位、工矿企业等，都要依据自身的职能优势，与学校联动，建立校外教育资源，作为学生的社会实践基地。上海也专门设立了“青少年修学旅游中心”，山东曲阜建构了中国研学旅行的“曲阜模式”，四川省邻水实验学校引入专业机构构建研学课程体系。

四、研学旅行上升为国家战略

2016年3月14日，《四川日报》联合发起“你愿意让孩子参加研学旅行吗？”网络调查，结果显示，有42.2%的网友不清楚什么是研学旅行，23.4%的网友认为研学旅行可有可无。与此同时，仅有31%的网友发现他们身边有学校或者学生正在开展这项活动，不过大多数网友都希望学校尽快开展研学旅行。

（一）国家旅游局

2013年2月2日，国家旅游局下发的《国民休闲旅游纲要（2013—2020）》中，提出“逐步推行中小学生研学旅行”的设想，“地方政府可以探索安排中小学放春假或秋假”，“鼓励学校组织学生进行寓教于游的课外实践活动”，同时要求“健全学校旅游责任保险制度”。虽然这只是一个“模糊”的界定，并不具备多少操作意义，却有着重要的导向意义。

2014年7月2日，国务院常务会议由国务院总理李克强主持召开，确定促进旅游业改革发展的一系列政策措施，提出“合理安排学校寒、暑假等假期，组织好夏令营、冬令营、研学旅行”。2014年8月21日，国家旅游局下发了《关于促进旅游业改革发展的若干意见》，从国家层面上首次倡导具有中国特色的研学旅行，首次明确了“研学旅行”要纳入中小学生日常教育范畴，明确了中小学生研学旅行的“乡土乡情”内涵，同时要求活动过程中一定要有保险，要分清安全的责任，避免让学校承担无限的责任。在2015年全国旅游发展大会上，提出包括5大目标、10大行动、52项举措在内的“515战略”，提出“推进研学旅行全面开展”。

国家旅游局在全国组织开展了“中国研学旅游目的地”和“全国研学旅游示范基地”品牌认定活动，旨在创立研学旅行的品牌，创新多元化的旅游发展模式，将研学旅行培育成为各地旅游发展创新的增长点。2016年1月25日，国家旅游局授予10个城市为首批“中国研学旅游目的地”称号：北京市海淀区、浙江省绍兴市、安徽省黄山市、江西省井冈山市、山东省曲阜市、河南省安阳市、湖北省神农架区、广西壮族自治区桂林市、四川省绵阳市、甘肃省敦煌市；授予北京市卢沟桥中国人民抗日战争纪念馆等20家单位为

“全国研学旅游示范基地”称号：北京卢沟桥中国人民抗日战争纪念馆、天津滨海航母主题公园、河北石家庄市西柏坡纪念馆、山西太原市中国煤炭博物馆、内蒙古赤峰市克什克腾世界地质公园、吉林长春市长影旧址博物馆、上海上海科技馆、江苏南京大屠杀纪念馆、浙江绍兴市三味书屋·鲁迅故里、安徽宣城市中国宣纸文化园、山东曲阜市三孔景区、河南安阳市红旗渠景区、湖北宜昌市三峡工程旅游区、广西桂林市龙脊梯田景区、重庆红岩景区、四川成都市都江堰旅游景区、云南中国科学院西双版纳热带植物园、陕西陕西历史博物馆、甘肃酒泉市中国酒泉卫星发射中心、宁夏贺兰山市岩画遗址公园，将研学旅行推向了一个新的发展高度。

2016 年 3 月 23 日，经国务院同意，“十三五”全国旅游业发展规划纳入国家“十三五”重点专项规划，这在我国旅游业发展历史上尚属首次，2016 年 12 月 26 日，经李克强总理签批，国务院印发《“十三五”旅游业发展规划》。《“十三五”旅游业发展规划》立足“十二五”的发展成就，准确把握“十三五”的发展趋势，全面落实旅游业创新驱动、协调推进、绿色发展、开放合作、共建共享的五大发展理念，全面贯彻落实到旅游业发展的各个方面和各个环节。“十三五”期间旅游业将呈现出消费大众化、需求品质化、竞争国际化、发展全域化、产业现代化的发展趋势，研学旅行作为“旅游+教育”的专项旅游，既符合区域资源整合、产业融合、共建共享的全域旅游发展模式，也表现出对个性化、特色化旅游产品和服务的需求，市场前景广阔。其中第三章，“创新驱动 增强旅游业发展新动能”全面落实“创新驱动”的发展理念。第一，在产品创新部分，“大力发展乡村旅游”提出要推出以乡情教育为特色的研学旅行示范基地，“提升红色旅游发展水平”提出将红色旅游打造成常学常新的理想信念教育课堂，突出社会效益，强化教育功能。第二，在业态创新部分，“旅游+现代服务业”中明确提出“促进旅游与教育融合发展”，鼓励开展专题研学旅行，规范中小学生赴境外研学旅行活动，成立游学联盟，完善安全保障机制；“促进旅游与文化融合发展”，提出培育以文物保护单位、博物馆、非物质文化遗产保护利用设施和实践活动为支撑的体验旅游和研学旅行。其中第六章“开放合作 构建旅游开放新格局”全面落实“开发合作”的发展理念。“扩大旅游对港澳台开放”，明确提出加强与港澳台青少年的游学交流，定期组织港澳台青少年赴内地（大陆）开展游学活动。2017 年 1 月 10 日，国家旅游局又公布研学旅行的行业规范，从服务提供方、人员配置、研学产品、研学基地、安全管理等各个环节规范服务流程，《研学旅行服务规范》（LB/T 054—2016）已经获国家旅游局批准，将于 2017 年 5 月 1 日起实施，研学旅行将有规可依。

自 2015 年旅游业“515 战略”实施以来，为让港澳青少年深入了解、接触祖国内地，国家旅游局连续两年开展了“港澳青少年内地游学工程”，出台了《港澳青少年内地游学接待服务规范》首个行业标准，成立了内地游学联盟，成员单位已包括 10 个省区市旅游部门。国家旅游局数据显示，2016 年国家旅游局共组织 1. 5 万名港澳青少年赴内地游学，与 8 家港澳游学组织机构深入合作，形成了深受欢迎的“华夏文明之旅”“中国心 • 澳门情”等 10 大游学品牌，港澳青少年内地游学服务与管理框架体系初步建立。

2013～2017 年，研学旅行经历了从“逐步推行”到“积极开展”再到“支持开展”的缓慢进程，国家旅游局一系列文件的相继颁布为研学旅行产品的供给指明了方向，也是响应国家旅游侧供给改革的重要举措之一。

（二）国家教育部

2013 年 9 月，在研学旅行试点工作的中期研讨会上，教育部基础教育一司司长王定华强调，要把研学旅行作为撬动素质教育的杠杆、新课程改革的突破口和素质教育新的增长点。

2014 年 3 月 4 日，教育部颁布了《关于进一步做好中小学生研学旅行试点工作的通知》，明确规定研学旅行是基础教育课程体系中综合实践活动课程的重要组成部分。教育部教育一司在通知中明确提到：研学旅行在小学、初中、高中三个教育阶段各实施一次，原则上小学阶段 2 天 1 夜，在小学四到六年级实施；初中阶段 3 天 2 夜，在初中一或二年级实施；高中阶段 4 天

3 夜，在高中一或二年级实施。学校可根据教学计划、学生活动的实际情况和需要灵活安排研学旅行时间。2014 年 7 月 21 日，教育部下发的《中小学学生赴境外研学旅行活动指南（试行）》对举办者组织活动的教学主题、内容安排、合作机构选择、合同订立、行程安排、行前培训、安全保障等内容提出指导意见，为整个行业活动划定了基本标准和规则。

研学行业凭借课程学习、研究性学习和综合实践活动的有机统一，逐渐成为我国基础教育体系的重要补充。在教育部基础教育一司印发的《2016 工作要点》中，明确指出要加强研学旅行工作，推动建立研学旅行统筹协调机制，以“圆梦蒲公英”为主题开展形式多样的教育实践活动，以创新发展激发教育活力。以开放发展拓展教育资源，充分共享教育价值，创建协同教育生态，这是 2016 年我国基础教育工作需突破的要点之一。

为推动研学旅行工作健康发展，2016 年 3 月，教育部基础教育一司确定了 10 个全国中小学研学旅行实验区，分别是天津市滨海新区、河北省邯郸市、江苏省苏州市、安徽省合肥市、江西省兴国县、河南省济源市、湖北省麻城市、重庆市（教委）、贵州省遵义市、新疆维吾尔自治区乌鲁木齐市，开展为期两年的实验工作。2016 年 12 月，教育部又增补湖南省湘潭市、湖北省武汉市为全国中小学研学旅行实验区，教育部将适时组织开展实验区调研、经验交流和成果展示推广等活动。

进入 21 世纪，不同的国家和组织都在思考“到底要培养什么样的人”的问题，核心素养成为 21 世纪人人都需要具备的“共同素养”。2016 年 9 月 13 日，受教育部委托，由北京师范大学联合国内高校近百位专家历时 3 年完成的《中国学生发展核心素养》总体框架正式发布。核心素养基于素质教育，以培养“全面发展的人”为核心，从文化基础、自主发展、社会参与三个方面定义“学生应具备的，能够适应终身发展和社会发展需要的必备品格和关键能力”，综合表现为“人文底蕴、科学精神、学会学习、健康生活、责任担当、实践创新”六大素养，具体细化为 18 个基本要点[72]。目前，我国基础教育正从“知识核心”向“核心素养”时代跨越[73]，《中国学生发展核心素养》是促进基础教育内涵发展、全面推进素质教育的迫切需求，也为研学旅行的发展提供了理论参考。研学旅行凭借体验式学习、研究性学习和综合实践的有机统一，成为落实立德树人和核心素养的重要方式和手段，研学旅行要以《中国学生发展核心素养》为目标，场景化教学，体验式教育，激发教育活力，做提升学生核心素养的践行者和探索者；形成校内教育的重要补充形式，搭建校内教育与自然、社会共生的桥梁。研学旅行是培养学生核心素养不可或缺的重要方式与途径。

2017 年 1 月 13～14 日，全国教育工作会议在北京召开，提出要完善终身学习体系，提升全民受教育水平，“全面学习终身化”列入国家教育战略，让教育覆盖人的整个生命周期，研学旅行要从中小学生群体扩展到广大人民群众，从中小学阶段延伸至人的整个生命周期。工作报告要求，积极开展中小学生研学旅行活动，2017 年要启动中小学生研学旅行营地建设工作，积极推进中小学社会实践基地建设，实现学生教科书之外的应用与实践教育。从学校教育向社会教育拓展，将教育与生产劳动和社会实践相结合，做到知行合一，学以致用。

（三）联合行动

2016 年 12 月 19 日，教育部、国家发展改革委、公安部、财政部、交通运输部、文化部、食品药品监管总局、国家旅游局、保监会、共青团中央、中国铁路总公司 11 个部门联合发布《关于推进中小学生研学旅行的意见》，再次重申将研学旅行纳入中小学教育教学计划，与综合实践活动课程统筹考虑，促进研学旅行和学校课程有机融合，建立健全研学旅行的经费筹措、评价监督机制，推动行业的规模化、标准化发展。《关于推进中小学生研学旅行的意见》对各地中小学研学旅行的开展提出了“四个以”的基本要求，即以立德树人、培养人才为根本目的，以预防为重、确保安全为基本前提，以深化改革、完善政策为着力点，以统筹协调、整合资源为突破口，因地制宜开展研学旅行。相关措施和建议能够切实解决研学旅行的教育、出行、安全保障难点，为后续全面铺开扫除制度障碍。安全一直是研学旅行活动开展的短板，做好安全保障工作是研学旅行健康发展的重要任务，《关于推进中小学生研学旅行的意见》将安全视为研学旅行的基本原则，要建立健全研学旅行的安全保障制度、明确安全保障责任、落实安全保障措施，尤其提出要“探索建立行之有效的安全责任落实、事故处理、责任界定及纠纷处理机制，实施分级备案制度，做到层层落实，责任到人”，同时鼓励通过社会捐赠、公益性活动等形式支持开展研学旅行。2016 年 12 月 23 日，教育部基础教育一司在镇江召开有关试点省市教育行政部门的主管领导全国校外教育经验交流会暨研学旅行工作部署会议。2016 年 12 月 28 日，政府官员、学校校长、业界高管、专家学者等汇聚北京，由世纪明德主办召开《关于推进中小学生研学旅行的意见》的学习交流研讨会，共同探究“研学旅行在中国”的优质落地方案，探讨研学旅行未来发展方向，引领研学旅行实现行业聚变。学校今后从小学开始，将根据教育教学计划需要灵活安排研学旅行时间，错开旅行高峰期，逐步建立以“乡土乡情”“县情市情”“省情国情”为主题、中小学生参与的研学旅行活动课程体系。开展研学旅行，有利于促进学生培育和践行社会主义核心价值观；有利于推动全面实施素质教育，促进书本知识和生活经验的深度融合；有利于满足学生日益增长的旅游需求，从小培养学生文明旅游意识。

第六章　我国研学旅行发展现状与问题

当前我国国内研学旅行只是一种形式上的“游”，谈不上“研学”，暴露出了很多问题。随着社会经济发展，研学旅行的项目会更加多样化，操作会更加规范化，人们认识到它的重要性，国内研学旅行会慢慢发展成熟。

一、从研学方式角度看，重“游”轻“学”

旅游本身就是一种文化追求，任何旅游景观都蕴含着丰富的文化知识，能够给旅游者以教育、启智和创作体验，实现一定的教育功能。但游览展现给旅游者的文化内涵却比较单薄，旅游期间主动寻求文化知识及思想内涵的旅游意识还不明显，尤其是对于缺乏主动性的中小学生而言，再加上参与性的活动或项目较少，并不能深入地了解资源的文化内涵。文化内涵是旅游教育的内容，而其展现方式就是对游客的导向作用[74]。对于观光型旅游资源而言，在体现其文化元素的方式、内容及深度上就要注意对游客的感知教育，让游客在游玩中既主动又被动地接受文化、道德的熏陶，如国家级的景区、公园，沿途的各类景观标示牌，集知识性与趣味性于一体，在旅游教育功能上起到导向作用。

目前多数旅游企业在开发研学旅行产品时，往往抛开中小学生研学旅行的本质和目的，一味追求商业利益的市场包装，以“研学”为标签，提高旅游产品的价格；在产品设计上，总的来说形式比较单一，缺乏针对性，并没有通过多种多样的游览、娱乐活动达到提高学生在科学知识、智力、情感与意志、个性心理等方面能力的目的[16]。大多数研学旅行产品只是在常规旅游产品的基础上融入几个涉及研学主题的旅游景点或活动，或添加少量研学元素，常规旅游线路就摇身变成了针对青少年学生群体的研学旅行，出行前学校缺乏行前教育、缺乏与教科书互动，有的甚至直接将常规旅游产品“克隆”为中小学生的研学旅行产品，造成教育功能的缺失[75]。在国外的研学中，对于那些枯燥的历史人物、历史事件等知识，并不能激发青少年学生的兴趣，多表现出来的是索然寡味，孩子们更多地关注：今晚在哪儿住？有没有空调？有没有好吃的？吃中餐还是西餐？甚至年龄大一点的孩子就是购买国外名牌产品。简单地走一走、看一看，导致只“游”不“学”，游而不精。究其原因，因其客源主体的教育性、市场运作的利益性，难以做到游学兼具，以学为主[38]。

总体上看，我国研学旅行产品在经历了初期的走马观花之后，开始注重体验和参与。但在研学方式上，仍然以游览为主，“学”的成分偏少，教育性需要进一步深入挖掘。

二、从研学内容角度看，向多元化方向发展

我国研学旅行多被简单化为夏令营和冬令营，利用寒暑假时间，策划一个主题，增加一些教育元素，俨然变成了一个旅游团[76]。初期的研学旅行，无论是国内研学，还是国外研学，都是为将来的求学或留学做铺垫。随着素质教育的提出，旅游企业开始重视旅游的教育功能研发，推出了各种教育主题的旅游产品，越来越受到家长和孩子们的青睐。

（一）初期，“名校情结”和“语言学习”占有重要地位

我国的出境研学旅行市场，广大中小学生主要是为将来出国留学做准备，目的地以英国、美国、澳大利亚等英语国家为主，到日本、韩国、新加坡的也不在少数，主要是考察名校、感受国外高等教育，熟悉英语氛围，了解国外文化、生活，为学生将来出国留学做准备[22]。中小学生出国游学热自兴起

之后，持续走红，不断升温，游学大潮正从东部席卷西部，从一线城市涌向二、三线城市，而且游学出现了低龄化趋势，亲子游学日益火爆，很多学生游学后就萌生了出国留学的愿望，打乱了学生整体的教育和成长规划[77]。以前游学中介机构是广为宣传，现在是很多家长主动上门，在教育投入攀比心理影响下，越来越多的家长加入到“游学”行列，使得游学市场水涨船高，产品质量良莠不齐，甚至有的机构把最重要的游学环节压缩掉，如教授的讲座、研学活动项目等。出国游学活动并非大众消费，营利目的性较强，费用较高，背离了研学旅行的原本价值取向。不理智的市场伤害的是消费者，不理智的教育市场最终伤害的就是孩子。有关专家指出，目前我国国外“游学”项目尚处于监管缺位、“灰色”滋生的发展初级阶段，还需梳理行业规范，完善市场秩序。

相对于国外“游学”的贵族消费项目，国内的研学旅行市场，主要集中在高校云集的北京、上海、南京、西安等城市，走进令人神往的大学殿堂，感受名校氛围。国内高校游兴起于 20 世纪末，于 2002 年后出现井喷之势。暑假期间，一批又一批的参观者涌入以北京大学、清华大学为代表的国内知名高校，多为家长专门带孩子来参观我国的知名学府。之后，复旦大学、浙江大学、南开大学、天津大学均成为高校游的重点。以北京大学为例，东南门为散客入口，不需要预约，但需要花费很长时间排队进入；东北门是团队游客的入口，需要提前预约。由于进出图书馆和教室都需要有北京大学学生证，再加上假期图书馆不开放，仅能在著名建筑前合影留念。无论是团队游客，还是散客，由于游客数量众多，再加上假期公共区域受限，基本上都演变为一种校园观光。团队游客还可以通过大学生“辅导员”的介绍简单了解北京大学的学生和生活，但也仅是略知一二。

游客多、线路简单、形式单一等是如今高校游火爆背后的现状。更多的家长开始质疑，高校游到底在游什么？当问及孩子看什么时，很多都说不知道；当问及家长时，普遍回答就是去看看，熏陶一下，至于学什么，看什么，其实不少家长也没有明确的概念。开放的校园，到食堂没有位子，校园里小孩子乱跑，扰乱课堂纪律的游客，让校内师生不堪其扰。图书馆、教室等公共区域受限，老师怎么上课，学生怎样学习和生活，公众无法体验和感受原汁原味的大学，那名校我们还能看什么？针对校园是否开放的矛盾，21 世纪教育研究院副院长熊丙奇表示，我国还需要很长一段时间，大学才能实现没有围墙的全开放、全融入社区的状态，需要教育管理和社会管理的改革推进。教育学博士侯正方认为，高校参观游览需要建立引导机制，但这种引导并不是盲目引入市场开发行为[78]。清华大学在这方面做了一些尝试，推荐一些既能领略清华大学风情，又不干扰学校师生学习、生活的参观线路给入校的参观者；清华大学、北京大学每年暑假都会招募在校生留校勤工助学，在义务讲解点为游客提供免费义务讲解。还有不少高校都开设了暑期小学期和各种夏令营活动，吸引了一些高中生、大学生前来报名，既规范了他们的参观行为，又能让他们学到知识。

还有一点需要引起注意，并不是所有的孩子都适合北京大学、清华大学等知名学府，也并不是所有的孩子都适合出国留学，一方面要考虑家庭的经济负担，另一方面还要考虑学生自身的资质条件。出国研学旅行可能是家长或孩子的攀比心理所致，国内名校情结可能是父母的好奇心所致，不良动机的研学旅行，可能导致孩子设立一个过高的目标，可能让孩子产生自卑心理，事与愿违，或多或少给孩子带来一些隐性的不利影响。家长不能盲目地一味跟潮流，应根据孩子的年龄不同、能力不同、特点不同等，来选择合适的研学旅行产品。

（二）逐渐向多元化方向发展

1.红色旅游和科普旅游逐渐占据重要地位

红色旅游是我国近年来提出的专有汉语名词，国外此类产品，如莫斯科的红场、巴黎的协和广场、美国的越战纪念碑等被称为爱国主义旅游产品。红色旅游受到社会各界的广泛关注，2005 年被国家旅游局定为“红色旅游发展年”。新中国成立以来，像延安、西柏坡、遵义、井冈山、瑞金、嘉兴等革命圣地、纪念地就成为我国重要的旅游资源，当时是按照政治教育的模式操作，作为政治任务或事业接待，主要目的是接受革命传统教育。改革开放之初，旅游业变成自负盈亏的行业，企业的主动性明显增强，红色旅游资源重新被纳入研究开发的视线。20 世纪 90 年代中后期，政府加强宣传报道、对革命文物进行维修、改善基础设施、举办纪念活动等，“红色旅游”的口号和称谓就此产生。公众有组织地前往革命圣地、纪念地开展参观学习活动，主要目的是接受爱国主义教育、革命传统教育、思想政治教育。随着我国旅游业的快速发展，在思想教育功能的基础上，衍生出文化教育、环境教育等多项功能，在旅游过程中突出红色旅游的教育功能，将红色旅游的发展向纵深推进[79]。

科普旅游是在旅游过程中普及科学知识的一种专项旅游活动，科普教育是科普旅游的目的。1906 年德意志博物馆的诞生标志着科普旅游的兴起，20 世纪 50 年代法国的雷诺、标致、雪铁龙三大汽车制造公司组织客人参观其生产流水线，尤其是组织青少年进行参观，一是宣传企业形象，二是培养潜在客户，科普旅游由此产生。目前，科普旅游开发在发达国家和地区已经逐步趋向成熟，主要集中在科普主题园、科普展馆以及高新技术产业领域[80]。科普，作为提升国民科普素质的一种公益教育活动，尤其是随着国民认知水平的提高，政府的日益重视，科普旅游近年来在国内悄然兴起，并且发展势头良好。北京、上海等城市已经建成了一批科普旅游基地，还有武汉推出的“光谷科普游”，青岛海尔集团兴建的海尔科技馆，西昌、酒泉卫星发射中心对外接待游客，向国民展示我国高科技空间技术。在科普旅游发展的早期，科普旅游的参与者多为具有较高教育背景和文化素养的知识阶层；科普旅游的爱国主义教育方面，青少年学生占有很大比例[81]。提高公民的科技意识和科学素养，在中小学阶段开展科普旅游，有助于青少年学生对科学技术知识产生浓厚兴趣，增加科技储备力量。科普旅游有利于提高国民的科学素养，科普旅游正从特定旅游者逐渐向大众扩展，科普旅游将在国民中逐渐普及，成为一种消费热潮。科普知识本身具有专业性、深奥性、枯燥性的特点，在开发研究过程中，要按照专题来开展科普旅游项目，国内主要有地质类、动植物类、天文海洋类、高新科技类等主题；要加强科普旅游的体验设计，体验方式主要有科普探索、亲子游学、职业体验、爱心公益等。另外，我国的科普旅游要结合各地的资源状况，在线路、主题和内容上整合资源，突出科普的中心主题和文化内涵。

2.生态旅游和乡村旅游成为新领域

生态旅游（ecotourism）是由国际自然保护联盟（IUKN）特别顾问谢贝洛斯·拉斯喀瑞于 1983 年首次提出。在全球环境恶化、人们“生态意识觉醒”的大背景下，生态旅游平均年增长率达到 20%，是旅游产品中增长最快的部分。国际生态旅游协会将生态旅游定义为“保护自然环境和维护当地居民良好生活的负责任的旅游”。生态旅游的内涵更强调的是对自然景观的保护，保持生态平衡，是可持续发展的旅游。

生态旅游教育功能的发挥并不是旅游活动的自然结果，而有赖于人的自觉性和切实有效的生态保护教育[82]。在美国、加拿大、澳大利亚等发达国家已经开始意识到生态问题，并把生态意识普及纳入公民教育当中。生态旅游的教育功能是指在生态旅游活动中认识人与自然的关系，深化“天人合一”的传统伦理，借助教育手段提高利益相关者的环境保护意识，增强生态保护的自觉性、责任感和紧迫感。在我国传统的大众旅游活动，甚至生态旅游活动中，旅游者的行为方式常常表现为只重视游乐行为本身，而忽视对环境的保护，生态旅游的生态教育功能很薄弱，生态旅游仅被当成一种营销招牌[83]。生态旅游教育的目标群体包括旅游者、旅游管理者、旅游经营者以及当地居民，通过宣传教育、环境解说、产品设计等手段，改变人们的资源观、价值观，倡导保护性旅游行为，使得享受自然、学习自然、保护自然成为旅游者的自觉行为。生态教育是国民素质的重要组成部分，随着生态旅游的兴起和迅速发展，在大、中、小学校、幼儿园增设专门的自然保护课程，在其他课程中渗透自然保护的内容，提高青少年学生的环境保护意识，生态教育成为青少年学生教育，甚至成为成人教育的一个必备内容。

乡村旅游自“二战”后首先在欧美国家出现，乡村旅游（rural tourism）的概念多被欧美国家广泛采用，而休闲农业（agri-tourism）这一概念则在亚洲的日本、中国台湾等国家和地区流行[84]。台湾地区是我国休闲农业发展最早，也是最发达的地区，我国大陆则是从20世纪 90 年代的深圳荔枝园采摘开始萌芽，早期往往被称为“观光农业”。2004年国家旅游局颁布首批203个农业旅游示范点，乡村旅游以乡村的农业生产、农村环境和农民生活为载体，由于兼具生产、教育和休闲三种功能，成为农村经济发展的新热点，同时国家启动实施了乡村旅游富民工程，强调旅游业在扶贫开发中的综合拉动效应。

乡村旅游与休闲农业因其体验性而具有显著的科普教育功能，农村地区丰富的乡土文物、劳作过程、生活方式等资源，是游客了解农业文化、学习农业知识、参与农业生产活动、感受农业景观的户外教学场所，成为一个融知识性、科学性、趣味性为一体的农业生态科教园地，尤其对广大中小学生的情感意志培养和民俗文化学习具有很好的教育作用。乡愁是对故乡的怀念之情，一个村庄自然形成的特殊民居、村道、树林、田园，都承载着当时一代人的乡愁。广大农村地区在长期发展中，孕育了独具地方特色的传统民俗、建筑艺术、农耕节庆、民间传统技艺等非物质文化遗产项目，传统文化是乡村旅游发展的重要支撑。将非物质文化遗产纳入学校教育范畴，首先是中小学阶段认知非物质文化遗产项目，也就是让中小学生知道本地区有哪些非物质文化遗产项目，培养多方面的兴趣爱好。挖掘各地的非物质文化遗产项目，特别是适合中小学生学习和掌握的项目纳入本地区九年制义务教育范畴，比如张家口的剪纸，唐山的皮影戏、泥塑，秦皇岛的地秧歌、民歌，承德的布糊画，让孩子们从小感受民俗文化的熏陶。其次是大中专院校传承和创新非物质文化遗产项目。寻找相关专业的院校进行合作，把传承保护任务交到学校，开创非物质文化遗产传承与高校相结合的新路子。通过乡村旅游和休闲农业深入挖掘地方传统文化，延续文脉、承载乡愁，让人们找到记忆中的“家”。

三、从资源开发角度看，资源的教育功能各异

旅游的社会教育功能随着时代的发展，涵盖内容日益多元化，吴建冰等（2013）将旅游的社会教育功能归纳为旅游德育、智育、环境、美育、体育教育五大方面[85]，并对桂林的旅游资源进行了社会教育功能剖析。在红色旅游资源和传统文化旅游资源中进行爱国主义、思想政治等方面的德育教育；在山地、草原、海洋等生态保护区进行生态环境教育；在历史文化胜地、科普场馆（场所）、工农业生产发展的实践中进行科普教育；在攀岩、徒步、漂流、拓展等户外运动中猎奇探险、挑战自我，进行体育教育；在丰富的自然、人文旅游资源中探索自然美、人文美，培养、提高旅游者的审美，陶冶情操。在不同的旅游资源中设计相应的活动环节，在旅行中潜移默化地对中小学生进行各方面教育。下面以河北省的具体情况为例介绍不同旅游资源的社会教育功能差异。

河北省形成了较为完整的红色旅游资源体系，有200多处红色旅游资源，22家红色旅游景区被列入全国百家红色旅游经典景区名录，4条线路被列为全国精品旅游线路，重点集中在太行山区的邯郸、邢台、石家庄、保定四市，其他地市的红色文化资源也很丰富，依托太行山区抗战时期形成的“民族脊梁”的太行山精神，与山西共同打造“太行红色旅游区”，实现区域联动发展，突出红色经典旅游。红色旅游资源一直被作为开展爱国主义教育、革命传统教育、思想政治教育的生动教材，全省336处市级以上爱国主义教育基地是培育和践行社会主义核心价值观的教育载体，形成强大的资源优势。

太行山地跨京、冀、晋、豫四省市，蜿蜒于华北大地之上，太行山是众多河流的发源地，天然林地分布广泛，形成了许多峡谷风光和岩溶洞穴，荟萃了山水胜景、文化遗址、革命圣地。雄伟巍峨的燕山山脉位于河北省北部至辽宁省西部，在河北省境内主要位于秦皇岛、张家口、承德和唐山地区，丰富的自然山水资源和历史文化积淀积聚了发展绿色生态旅游的优势条件。河北省太行山、燕山地区是京津的生态屏障和水源涵养地，是京津生态建设

的重点区域。京津冀协同发展战略的提出，生态环境成为首要问题，亟须在经济发达的大都市与经济贫困的生态涵养区之间，建立区域生态补偿机制，对欠发达的生态涵养区进行生态补偿，京津冀三地将合作推进“环首都国家公园”和区域性生态廊道建设[86]。全球生态环境不断恶化，20 世纪 80 年代生态旅游应运而生，并作为一种新型的旅游方式得到快速发展，在生态旅游的过程中进行环境教育也受到普遍关注，可以通过自然观察、解说活动及参与型教育活动等方式达到环境教育的目的[87]。在京津冀协同发展背景下，在生态旅游区开展环境教育更具针对性和实践意义，激发了游客对环境的热爱，自觉地保护自然环境，集中社会力量共同推进京津冀的区域生态一体化。

工农业旅游，双业共生，兼具生产、教育和休闲三种功能，为提升工农业旅游整体发展水平，国家2002年启动工农业旅游示范点的评选工作，于2004～2007年度共公布四批工农业旅游示范点1098家，其中河北省只有30多家，与数量第一的江苏省128家相差甚多。2009年4月，河北省旅游局制定了《河北省工农业旅游示范点评定标准》，于2009、2010、2011年度进行了三批省级示范点的评定。示范点建设的速度和数量与河北省丰富的工农业旅游资源形象相距甚远。众多的工农业旅游示范点，再加上省内众多的专业科普场馆，是进行工农业科普教育的绝佳场所，而河北省工农业旅游发展中并没有充分发挥科普教育功能。农业旅游因其鲜明的体验性而具有显著的科普教育功能，增进对农业、农村和农民的了解和文化体验，生态园区的现代农业新品种、新技术，突出高新技术的转化功能；农业旅游为教育体验提供了最理想的、生态系统最完整的户外自然教室，在旅行过程中发挥自然生态教育和环境教育，唤起人与自然的和谐相处；工业旅游通过趣味性、知识性、参与性环节的设计，使游客了解工业产品的渊源、生产过程、未来趋势。工农业科普教育功能的开发需要注重文化内涵的挖掘，需要从科普资源、科普对象、科普活动开展、工农业旅游与科普的相互依赖关系等角度入手，发挥工农业的科普作用[88]。

每年暑假广大中小学生多会选择游学的方式出行放松，以大学城、夏令营和知名企业所在地作为目的地，其中高校游成为家长的首选，一般会选择北京、上海、湖北、浙江、广东、天津等知名学府云集的城市。高校游主要是增长孩子的见识，领略高等学府的风采，激发孩子的学习兴趣，树立高远的目标。但近年火爆的“高校游”催生了拉客、宰客等乱象，学生家长遭遇了闭门羹、人山人海等尴尬局面。中国最高等的学府并不适合所有的孩子，大部分学龄前或小学阶段的孩子还不明白大学意味着什么，大部分普通孩子不但不能激发斗志，反而会降低自信心，还会导致部分孩子确立过高的目标。目前，河北省普通高校，包括本专科院校和民办院校，共计 118 所，数量位居全国省份第八，有河北大学、河北工业大学、河北师范大学、燕山大学等知名学府。与其拥挤在北京大学、清华大学等知名学府，不如到所在的地市，选择身边熟悉的高校，慢慢地领略高校的魅力，反而会潜移默化地激发孩子的学习兴趣。河北省各地市的高校需采取积极的推广措施，逐步开放公共区域，配备学生志愿者进行义务讲解，让学生和家长能更好地了解高校的特色，同时也为学校自身做了招生宣传。

四、从组织者角度看，多以教育机构和旅行社为主

随着社会各界对创新素质教育的高度关注，以夏、冬令营为主要形式的中小学生研学旅行持续升温，其中出境研学最为突出。中国旅游研究院院长戴斌（2014）表示，我国家庭普遍重视教育投资，据估算，近几年我国每年约有 20 万到 30 万人参加海外游学。公安部出入境管理部门统计 14～18 周岁青少年办理护照的人数，目前每年达 40 万人左右[89]。在 2012 年 10 月 25 日举行了以“广东省修学游”为主题的沙龙，新思路国际教育的葛颖表示，国内研学主要停留在消费层面而没有上升到教育层面，重“游”轻“学”，甚至只“游”不“学”现象依然普遍，教育资源和旅游资源没有很好地结合。中国研学市场还处于市场培育阶段，假期孩子们的时间更多地还是交给了补习班。我国的研学市场质量参差不齐，整个市场处于无序管理的状态。

研学夏、冬令营行业经营者除少部分为教育机构外，大多数为旅行社，随着研学市场被不断细分，研学业务的主体呈现多元化趋势。据不完全统计，目前市场上有一定规模的研学机构已达近百家。首先是以旅行社为主，尤其是出境研学业务中大约占市场份额的40%，他们拥有丰富的旅游资源和专业带队经验。研学旅行的价值在于研学的深度，如何学，学什么，主要依靠布点、活动环节和导师的引导，一般的旅游机构达不到这样的水准；同时旅行社普遍缺乏儿童心理专家以及教师团队的支撑，从而影响自身优势的发挥，不能更好地制定“游”的内容[42]。其次是教育机构，像新东方、英孚教育等，在出境研学业务中大约占市场份额的30%，他们在出国留学和语言培训方面极具优势，研学是其自身业务的补充。因是从教育的角度出发，能了解学生出行的真正目的，解决“学”的问题，却难以寓教于游，同时忽略了青少年学生研学中最重要的早期教育问题，忽略了“学”的重要性。最后是新兴商业机构，包括教育咨询公司和电商教育平台等，如专营国内外青少年研学市场的北京世纪明德教育科技有限公司、北京小脚丫走天下工作室等，还有上海乐骋国际旅行社股份有限公司打造两厘米国际游学、新思路国际游学、糖果国际游学等研学旅行在线网络服务平台，他们的服务对象，除青少年群体外，还扩展到公司白领、老年人等非学生群体，市场份额不断扩大。因为起步较高，产品更加个性化，服务更加灵活，一些私人订制产品项目更受欢迎。随着研学市场的发展，很多旅行社不断聘请教育专家来进行规划讲解，很多办学机构也申办了旅行社的资质，旅行社与办学机构强强联合，必会成为将来研学旅行市场的发展趋势。

五、从参与者角度看，以大中小城市青少年为主

青少年充满了对科学知识的渴求和探索精神，因其自身的年龄和心理特征，加之寒暑假等充裕的课余时间，青少年学生的出游动机比成年人更强烈。学生出游人数多，但以散客为主、团体为辅；如果考虑假期或周末，家长带

领青少年儿童出游，数量更庞大。赵幼芳等早在 20 世纪 90 年代进行的调查分析中就显示出家庭对教育的重视程度，有 42.29%的 16～26 岁的青少年旅游目的意在增长知识[90]。随着新时代父母对教育的重视，很多家长愿意孩子进行研学旅行，并乐意承担高额的费用，部分家长随同孩子进行研学旅行，甚至让孩子走出国门感受异国文化。据调查，有 65%以上的青少年学生选择暑期旅游，特别是在每年的高考、中考之后，即 7、8 月份，中小学生的旅游活动范围也从本市或本省范围内，扩展到了全国各地，甚至海外市场。

第七章　河北省中小学生研学旅行发展

河北省作为旅游资源大省和教育大省，开展研学旅行的实践价值和理论意义格外重要。从 2012 年起，教育部即推进、开展研学旅行试点工作，2014 年河北省成为试点省份之一，迄今已三年有余。通过研学旅行增强学生的创新精神和实践能力，作为一个“新生事物”，目前河北省的研学旅行开展情况如何？“研学旅行”究竟应该怎样开展？这些统统是我们必须要摸清的基本问题。2017 年寒假期间，全省各地越来越多的中小学生积极开展践行各种研学旅行活动，衡水中学的部分师生远赴美国，走访名校，参加模拟联合国会议；邯郸市赵苑中学的部分师生则利用家乡资源开展“深度游”，登武灵丛台、游赵王城……但名目多样的各种研学旅行效果不一，许多家长对动辄上百人的研学集体、走马观花式的冬、夏令营等粗放式的研学旅行缺乏好感，期待更加规范的、更有意义的研学旅行。

河北省虽然已经逐步开始试点工作，各地中小学也在纷纷尝试开展，但总体上依然处于发展的初级阶段，存在市场安全意识不强、思想认识不到位、协调机制不完善、责任机制不健全、安全保障不规范等问题，研学旅行发展还有很多障碍因素。到底怎样的旅游产品才能更符合河北省的旅游业发展？到底怎样的旅游产品才可以切入到教育里面？这些统统是我们必须摸清的基本问题。

一、河北省发展研学旅行的基础条件

长期以来，实践教育环节薄弱甚至缺失，已成为制约中小学校实施素质教育的重要瓶颈。广大教育工作者和家长都深刻地认识到，当代教育不仅是知识与技能，更是培养创新精神和实践能力，这才是完整的教育。当前，无论是教育系统，还是社会系统，支撑和保障中小学生广泛开展社会实践活动的条件日益成熟。

河北省发展研学旅行具备硬件条件——丰富的研学旅行资源，更主要的是考虑谁能够为研学旅行更好地提供保障，谁有能力把潜在的旅游资源变成孩子们成长所需要的产品和项目，这离不开国家各级政府的政策支持，还要有旅游相关企业的承担和付出。

（一）丰富的研学旅行资源

河北省东临渤海，内环京津，地理位置优越。河北省是中华民族的重要发祥地之一，省内各地遍布着早期人类的遗址，早在五千多年前，中华民族的三大始祖黄帝、炎帝和蚩尤就在河北由征战到融合，开创了中华文明史。春秋战国时期，河北地属燕国和赵国，故有“燕赵”之称。元、明、清三朝定都北京，河北成为京师的畿辅之地。远从黄帝、炎帝到大禹治水，都在这块肥美的土地上留下了足迹，历朝历代都沉积了深厚的文化层。悠久的历史使河北拥有众多的文物古迹，是全国文物大省之一，而且文物资源特色突出，品位极高，不少为全国之最。独特的历史文化魅力，都成为中小学生开展历史、人文教育的研学实践资源。

河北省自然旅游资源数量众多，类型齐全，是我国唯一兼有海滨、平原、湖泊、丘陵与高原的省份。第一，自然、古迹、纪念型旅游地并茂于太行山、燕山山脉及其山前弧带。众多旅游景区（点）旅游资源的多样性，满足了不同情趣的旅游者的需要。尤其是以革命圣地、遗址和先烈战斗地为主的纪念型旅游地的集中分布，使河北省成为光荣的革命历史纪念地。第二，名牌旅游景观地密集于承德避暑山庄和秦皇岛北戴河海滨。承德片区以避暑山庄为中心呈面状分布，秦皇岛片区沿北戴河海滨呈短带状分布，由北向南分布着以雄伟的山海关古城为中心的历史名胜旅游群，以秦皇岛海港区为中心的现代化港湾旅游群，以北戴河海滨为中心的海滨风景旅游群。丰富的红色旅游资源、历史文化资源和生态旅游资源成为中小学生进行爱国主义教育、科普教育、环境生态教育等各方面教育的户外实践场地。自然风光和人类文化相互交织，结合形成了众多的风景名胜地，这些均成为河北省开展研学旅行的资源优势。

河北省旅游资源概况

名称	全国总数	河北数量	名称	占全国比例（%）
世界文化遗产	31	3	避暑山庄（外八庙），长城，明清皇家陵寝	9.68
国家级历史文化名城	124	5	承德，保定，正定，邯郸，山海关	4.03
国家级历史文化名镇	252	8	蔚县暖泉镇、代王城镇，武安市冶陶镇、伯延镇等	3.17
国家级历史文化名村	276	12	蔚县涌泉庄乡北方城村，怀来县鸡鸣驿乡鸡鸣驿村，阳原县浮图讲乡开阳村等	4.35
全国重点文物保护单位	4295	163	避暑山庄，外八庙，老龙头，清东陵，清西陵等	3.80
国家级风景名胜区	225	10	避暑山庄（外八庙），北戴河，涞水野山坡等	4.44
国家级森林公园	779	27	秦皇岛海滨，乐亭金银滩，遵化清东陵，易县狼牙山等	3.47
国家地质公园	218	10	涞源白石山国家地质公园，秦皇岛柳江国家地质公园，兴隆国家地质公园等	4.59
国家级自然保护区	429	13	兴隆雾灵山，昌黎黄金海岸，围场红松洼等	3.03
全国旅游胜地四十佳	40	3	避暑山庄，老龙头，北戴河等	7.50
全国优秀旅游城市	339	10	承德，秦皇岛，邯郸，石家庄，涿州，廊坊，保定，武安，遵化，唐山	2.95
全国十大风景名胜	10	2	避暑山庄，长城	20.00

注：表中数据由网络资料整理得出。

河北省旅游资源分类表

类型		主要景区
自然资源	山岳型	祖山，碣石山，雾灵山，小五台山，野山坡，天桂山，苍岩山，嶂石岩等
	岩洞型	崆山白云洞，灵山洞，白云古洞，朱砂洞，硝土洞，曹仙洞，朝阳洞，悬阳洞等
	水体型	北戴河海滨，黄金海岸，白洋淀，燕塞湖，黄壁庄水库，岗南水库，衡水湖，赤城温泉，遵化温泉，隆化温泉，热河泉等
人文资源	革命纪念地	西柏坡，李大钊故居，易县狼牙山五壮士纪念塔，隆化县董存瑞烈士陵园，张北县苏蒙红军纪念塔等
	历史名胜古迹	承德避暑山庄及外八庙，山海关，清东陵，清西陵，木兰围场，古莲池等
	民族文化艺术和独特的风土风情	吴桥杂技之乡，唐山的皮影，安国药都，徐水的舞狮，胜芳的灯会，沧州武术之乡等

河北省古人类遗存

远古居民		遗址主要分布
旧石器时代		阳原，兴隆，滦平，怀来，丰宁
中石器时代		北京市门头沟
新石器时代	磁山文化	武安，河北中南部的太行山东麓
	仰韶文化	磁县、邯郸市、武安、永年、邢台、石家庄市、平山、蔚县、涿鹿、正定、曲阳
	龙山文化	磁县、邯郸市、武安、永年、邢台、石家庄市、平山、蔚县、涿鹿、临城、唐山、崇礼、赤城一带
	细石器文化	尚义、丰宁、承德

其中，承德避暑山庄及外八庙、北戴河海滨、山海关长城等早在20世纪八九十年代就是我国重要的旅游资源，开发为旅游景区，享誉国内外。丰富多彩的旅游资源使河北省打造出形式多样的旅游产品，在旅游产品中

适当开发旅游的社会教育功能，可以使河北省的旅游更具魅力，同时在提升国民生活质量和精神追求、推动和谐社会建设方面具有重要的理论意义和现实意义。

（二）旺盛的研学需求

经国家统计局统计年鉴汇总，截至2014年年末，我国中小学在校学生16236. 2万人，再加上学前教育4050. 7万人、特殊教育39. 5万人，2547. 7万人的普通本专科在校生，各类各级学校在校生共计24629. 4万人，形成了一个庞大的潜在旅游市场，对研学旅行的需求旺盛，市场空间广阔。学大教育游学业务板块相关负责人介绍称，年龄在8～18周岁游学数量总人次约为30万，推算K12（kindergarten through twelfth grade）阶段游学市场规模已经达到了106亿元，近两年游学市场增长迅猛[91]。有专家预测，中国的游学市场预计将达千亿规模。目前，我国研学旅行的开展，小学生研学的目的地主要集中于所在地区，以“乡土乡情”为主；初中生研学的目的地扩展至所在县市，以“县情市情”为主；高中生范围扩展至全省乃至全国，以“省情国情”为主，部分学生可以适当开展国外旅行。总体上来看，目前研学旅行主要集中在所在县市范围内。爱国主义就是一种家国情怀，认识世界要从认识周边开始，从乡情县情到省情国情，了解乡土乡情，了解本国文化，增进学生对本土自然和社会的认知，培养社会责任感；从周边的乡土乡情开始研学，符合科学的成长规律，可以扭转研学旅行的本末倒置，做国家文化交流的使者。

截至2014年年末，河北省中小学在校生共计904. 8万人，约占全国总数量的5. 57%，形成广阔的客源市场空间。青少年在社会中成长，社会教育是家庭教育和学校教育的重要补充，在青少年的思想意识形成等方面发挥重要作用。首先，组织河北省中小学生游河北，从县市到全省范围，了解家乡，爱我家乡，河北省904. 8万中小学生是发展研学旅行的首要客源。剖析河北省的研学旅行资源，开发系列研学旅行产品，形成省域范围的研学旅行品牌。其次，借助环京津的优越地理位置，吸引京津的中小学生就近到河北省进行研学旅行，同时河北省要注意与京津进行差异化定位，避免形成近距离的同质竞争。最后，在京津冀协同发展战略的背景下，围绕京津在全国的政治、经济、文化地位，与京津的研学旅行资源进行整合，形成京津冀的研学旅行品牌，吸引全国乃至国外的青少年到京津冀开展研学旅行。

我国现行的应试教育体制，使学校教育过多地停留在基础知识与基本技能层面的“双基”教育，形成了对分数的过度崇拜而忽视了生命教育，对学生的个性发展没有引起足够重视，缺乏对青少年的人文关怀。青少年社会教育的实质，就是在青少年生理特征和心理需求的基础上，有效整合各种社会资源和社会影响，结合时代特色和民族精神，以更加多样化的教育方式，更加翔实、丰富、现实的研学内容，促进青少年个体的早期社会化[92]。研学旅行是学生的第二课堂，借助旅游资源的广泛性和旅游业的包容性，多方位整合社会资源，培养青少年的创造力和兴趣爱好，是实现青少年社会教育的重要途径和方式。

风景名胜区、自然保护区、森林公园、地质公园、博物馆、工矿企业、美丽乡村、休闲农场等各类景区景点和场馆，成为青少年社会教育的重要载体。相对于单调乏味的图书馆、博物馆、纪念馆等惯常社会教育资源，研学旅行的内容和载体更具广泛性和多元性，开展形式更加新颖，参与、体验、兴趣、挑战，是单纯的学校教育的重要补充，丰富的社会教育资源辅助完成青少年的社会化过程。到大部分景区景点和场馆参观需要购买门票，而国家在推行研学旅行时，要求学校统一组织的研学旅行要适当地减免困难家庭学生的费用，给予了政策上的扶持和财政上的支持。实际上，我国从 2008 年开始逐渐取消博物馆的门票，向公众免费开放，各地区的爱国主义教育基地和工农业旅游示范点等单位纷纷对学生团体取消参观门票，大量社会机构的配合在一定程度上支持中小学生开展研学旅行。相对宽松的社会环境为我们推进素质教育创造了良好的环境。

（三）各级政策支持

党的十八大以来，河北省旅游投资不断扩大，景区功能不断完善，规模效益不断提高，2015年河北省旅游接待总人数达3.72亿人次，旅游收入3433.9亿元，分别是“十一五”末的2.5倍和3.8倍。但仍存在一些矛盾和问题不容忽视，观光游仍然占主导地位、精品景区和精品线路较少、缺少有影响力的龙头企业、旅游基础设施还有待完善、公共服务能力还有待提升等。2016年9月23日至25日，首届河北旅游产业发展大会在保定市京西百渡休闲度假区举行，以产业大会为载体推动旅游发展，促进河北省旅游产业转型升级。赵克志书记作了题为“大力推进旅游产业化，加快建设旅游强省”的讲话，提出深化旅游供给侧结构性改革，构建旅游大格局，建设全域旅游片区，壮大旅游市场主体，打造高附加值旅游商品的产业化策略，运用“旅游+”发展旅游新业态，推动“旅游+城镇化”“旅游+脱贫”“旅游+生态”“旅游+文化”；大力发展“旅游+健康”“旅游+体育”“旅游+研学”等多种新业态，培养旅游产业新的增长点。

根据《国家中长期教育改革和发展规划纲要（2010—2020 年）》的要求，国家分别于 2012 年和 2013 年启动研学旅行试点工作，加大对研学产业的支持力度。2014 年，教育部又颁布了《关于进一步做好中小学生研学旅行试点工作的通知》。河北省是试点范围的八省份之一，2015 年河北省教育厅下发了《河北省教育厅关于申报中小学生研学旅行试点校的通知》，扩大试点范围。作为人口大省、教育大省，早在 2011 年，河北省就颁布了《河北省中长期教育改革和发展规划纲要（2010—2020 年）》，确立了将教育大省建设成为教育强省的发展目标，结合河北省的人才需求，实现教育与经济社会发展相协调。同时针对重课堂教学和知识传授，轻社会实践、品格养成、能力培养，特别是创新能力培养等问题，提出要全面推进教育改革，转变教育思想和理念，构建开放灵活的人才培养体系。随着京津冀协同发展战略的深入推进，要充分借助京津资源优势，实现京津冀的教育协同发展。

2013年和2014年，国家旅游局相继下发了《国民休闲旅游纲要（2013—2020）》和《关于促进旅游业改革发展的若干意见》，从“逐步推进”到“支持”研学旅行，实现了从“研学旅行设想”到“纳入中小学生日常教育范畴”的转变，明确了研学旅行的目标和要求。在2015年全国旅游工作会议上，国家旅游局局长李金早再次重申研学旅行的概念，国家在组织体系、设施建设、优惠政策、安全措施等方面都提供了相应的政策支持。国家教育部发布《中小学学生赴境外研学旅行活动指南（试行）》并推出“蒲公英计划”，国家旅游局“515战略”提出“推进研学旅行全面开展”……2015年河北省旅游局启动编制《河北省研学旅行教育实践基地建设评定标准》，规范基地的评选和建设，石家庄为26个实践活动基地挂牌。2016年6月17日，河北省旅游发展委员会主办了“红色记忆，胜利征程”2016河北省红色旅游系列活动，旨在挖掘和解读河北省的红色旅游景区和红色文化，推动河北省红色旅游发展。2016年6月16～18日，在革命老区涉县举办河北省红色旅游故事会大赛，讲述红色故事，传承红色基因，彰显红色旅游的教育功能。

根据河北省政府办公厅2015年印发的《关于进一步促进旅游投资和消费的实施意见》，将研学旅行纳入全省学生综合素质教育范畴，指导唐山、秦皇岛、邯郸等市和西柏坡、清西陵等景区申报国家研学旅游目的地和研学旅游示范基地[93]。研学旅行作为旅游业创新发展的增长点，旅游部门积极研发研学旅行产品；研学旅行作为提高国民素质的重要载体，教育部门在中小学生中积极推进，研学旅行具备发展的各种利好政策，发展空间巨大。

为推动旅游改革创新、产品供给优化、产业协调发展、区域协同集聚，实现由旅游大省向旅游强省的跨越，2017年1月3日河北省政府办公厅印发了《河北省旅游业“十三五”发展规划》，确定了“十三五”时期河北省旅游业发展的总体思路、基本目标、主要任务和保障措施，是未来五年河北省旅游业发展的行动纲领。在第四部分“推进产业融合发展，培养旅游新业态”中，强调要“引导发展研学旅游”，倡导开发主题研学旅游产品，推进公共博物馆、科技馆、纪念馆等资源免费开放，重点支持唐山、秦皇岛、邯郸等市和雾灵山、清西陵、柳江盆地地质遗址等景区申报国家研学旅游目的地和研学旅游示范基地；在积极扶持的十一种旅游新业态中，其中乡村旅游、红色旅游、体育旅游、工业旅游、文创旅游等五种新业态，是中小学开展研学旅行的专项旅游资源，可以与研学旅行融合发展，依托景区申请创建研学旅行示范基地等融合创新型基地。尤其是红色旅游资源，支持打造河北省红色品牌——革命圣地英雄故里，打造西柏坡红色旅游教育体验区标杆大景区，充分发挥西柏坡的龙头带动作用，通过拓展新产品、丰富新业态、提升大环境、构建大线路，打造以红色教育、红色研学为主要功能的复合型红色旅游目的地。

（四）相关企业的探索

2016 年 11 月 7 日，国内知名游学教育机构世纪明德联合研学旅行的主管部门、示范实验区、示范基地及中外优质中小学共同发起研学旅行在中国系列活动，以“研学旅行在中国——新教育·新生态”为核心议题，推动研学旅行在中国的全面落地，助力中国教育的改革发展，促进素质教育的不断深入及多样化呈现。据了解，“研学旅行在中国”将陆续进入北京、西安、湖南、江苏、河北等地，开展研学旅行优质落地方案及优质资源的推介，“研学旅行在中国”系列课程汇编也将以省份为单位陆续编辑并正式出版，最终实现“研学旅行在中国”到“素质教育在中国”的转换。

近年来，秦皇岛市围绕丰富的历史、文化资源开展了丰富多彩的体验课程，市教育局与北京大学博大未名乐航教育合作，依托北京大学的教育资源、中科院科普博览项目资源、全国生态学术委员教育“十二五”重点规划国家重点课题的子课题——“因地制宜，让学生进行自主体验”，参与体验教育课程体系实践，校外教育是校内教育的延伸和补充，校内教育是校外教育的总结和升华，形成校内、校外教育有效对接的生态循环学习系统。有依托老龙头景区突出长城文化的“龙首探秘·洞鉴古今”课程、依托求仙入海处以传统历史文化为背景的“六国巡礼、华夏一统”研学课程，也有以联峰山、柳江地质博物馆等以地质文化为背景的“秘境寻踪”和“柳江盆地微科考”课程，还有以圣蓝海洋公园为代表的“蓝色梦想”滨海文化课堂等。2017 年 1 月 6 日，秦皇岛市组织召开秦皇岛市中小学体验教育总结推进会，教育工作者们进行了工作经验的交流与分享。秦皇岛市教育系统表示将把秦皇岛市建设成全国体验教育示范区，服务本地中小学生，力争为京津冀地区乃至全国的中小学生服务。目前秦皇岛市与博大未名乐航教育集团已经研究出体验课程标准（包含课程设计标准等）、体验式课程体系教材范式、体验式教育师的培训标准、体验式课程服务标准等一系列科研成果[94]。目前秦皇岛市中小学生参与此类体验课程人数达万人次，学生调查率 100%，满意度 99.9%，家长回访抽样率 30%，满意度 99%。2017 年 1 月，在承德市召开的全国体验教育峰会上，博大未名乐航教育集团表示，未来将携带专家资源、课题资源、课程资源、体验教育科研成果等一系列资源继续走进承德市，依托本地优势资源，建设体验式素质教育课程基地和配套的课程体系，尝试性将承德市打造成全国体验教育的天堂。

二、河北省发展研学旅行的瓶颈因素

随着国民大众教育观念的转变，教育更加关注学生个体的发展。目前，学校开展研学旅行虽有国家的利好政策、学生家长的支持、学校的探索完善，但仍需要社会相关企业的积极参与和融入。河北省是全国研学旅行试点省市之一，积极探索开展研学旅行，但仍然面临着升学压力大、政策有待细化和完善、产品深度和广度有待开发的发展瓶颈。

（一）升学压力

据河北省统计局调查数据，2015 年年末全省常住人口达 7424.92 万人，是名副其实的人口大省，升学的压力自然不言而喻！就读升学率高的学校成为家长和学生的首选。1995 年，河北省高考报名人数仅为 11.48 万人，之后报名人数连续 14 年上升，至 2008 年达到 57. 48 万人；之后连续 7 年下降，到 2015 年下降到 40. 48 万人；2016 年共有 42. 31 万人参加高考，是连续 7 年下降以来的首次回升。从历年的总体录取率来看，录取率从 2007 年的 53. 20%上升到 2015 年的 88. 89%，上大学的几率大大增加了，可以保证近九成的中学生读大学。同样，本科录取率和一本录取率也在逐年增加，但一直偏低，本科录取率从 2009 年的 28. 98%上升到 2015 年的 50. 50%，首次突破 50%；2009 年的一本录取率仅为 4. 4%，2015 年也仅达到 11. 68%，由此可以看出，考取本科，尤其是重点本科难度很大，河北省考生考上“985”和“211”学校的几率很小。现如今，就业单位要求高学历、名牌学校的毕业生，就业竞争更加激励，考生已不满足于有学上，而是要上名牌学校。之前是竞争上大学的机会，现在是竞争上名牌大学的机会。

河北省历年高考报名人数

年份	报名人数（万人）	录取人数（万人）	录取率（%）	本科录取率（%）	一本录取率（%）
2007	56. 18	29. 86	53. 20	–	–
2008	57. 48	31. 1	54	–	–
2009	55. 9	–	–	28. 98	4. 40
2010	50. 3	–	–	34. 6	4. 40
2011	48. 5	40. 5	83. 5	37. 9	7. 45
2012	45. 93	37. 8	82. 29	42. 47	8. 14
2013	44. 98	382660	85. 08	44. 37	9. 03
2014	41. 81	364450	87. 16	48. 58	10. 23
2015	40. 48	360200	88. 89	50. 50	11. 68
2016	42. 31	386600	91. 38	52	15. 86

注：数据由网络资料整理，“–”表示没有准确数据。

家长和学生对优质教育资源的追求导致我国的中小学教育无视教育的科学性和规律性，学校之间的竞争、学生之间的排名和家长之间的攀比都从不同社会层面加剧了升学的压力。在“升学率”的问题上，教育主管部门、学校校长和老师们承受着难以承受的行政压力[95]，升学率成为评价学校的显性指标，近八成的学生和家长择校首先考虑的问题是升学率，而能否开展素质教育明显居于次要地位。每当中考和高考结束后，就会产生“中考状元”和“高考状元”，媒体的推波助澜，对学生和家长形成一种误导，“升学赌注”越压越大。父母对孩子的升学期望，已经演变成失去理性的“择校潮”，从高中“择校”，延伸到初中、小学，甚至是幼儿园“择校”，产生了所谓的天价“学区房”，供不应求。

教育部在2011年展开的一项调查显示：全国只有22%的小学、初中学校和13%的高中学校能够保证学生每天一小时的校园体育活动，除了常规的视力下降、超重等问题，甚至出现了脊柱侧弯、高血压等现象[96]。迫于升学压力，与高考不太相关的体育、音乐、美术等教学课程往往被边缘化，时间逐渐被侵蚀。农村地区的中小学由于师资、设施、财政等资源有限，高考被看作学生“鲤鱼跃龙门”的唯一途径，这些现象表现得更为严重，体育、音乐、美术等课程形同虚设。甚至有些家长和学生为了避开省内的升学压力，到其他省份进行移民高考，更有甚者选择到国外读高中。

河北是教育大省，更是有像衡水中学、石家庄二中这样的高中名校。被誉为“超级中学”“高考加工厂”的衡水中学，到 2015 年蝉联河北省高考 16 连冠，连续多年有超过百人考入清华大学、北京大学。同样在 2016 年的高考中，包揽了河北省的文理科状元，甚至文理科前十名的学生中，衡水中学各占九名。以县城中学身份崛起的衡水中学，吸引全省甚至省外优秀生源，汇集了一大批优秀的一线教师。衡水中学的持续吸引力来自于它的高升学率和考入清华大学、北京大学的人数，在社会上引起广泛的关注和争议。

研学旅行内容丰富，形式新颖，相对于枯燥、刻板的课堂教学，势必受到中小学生的青睐，他们通常都有很高的参与热情，非常愿意参加甚至自身组织各种校外的社会实践活动。抛开学生自身的升学压力，还有来自学校和家长的升学压力，学校、家长、社会在一定程度上打压了青少年的热情。研学旅行除了占用正常的课业学习时间之外，还会分散学生学习的精力和注意力，进而减少学生在学习上的投入，归根结底是研学旅行会挤占学生学习的时间和精力。现行的教育评价体系仍然过分关注升学率，指挥棒始终偏向于成绩，指导思想与研学旅行还存在一定的冲突和矛盾。当下部分学校开展的研学旅行等社会实践活动，往往流于形式，“喊口号，做宣传”，学生并不能真正理解研学旅行的内涵和意义。学校、社会在组织研学旅行活动的过程中，要结合时代特征和青少年学生的爱好，要加强对青少年学生的引导和帮助，使活动真正能提升学生的素质和能力[97]。

根据教育部文件要求，研学旅行活动原则上应在学期中间正常教学时间安排，学校可根据实际情况灵活安排，同时强调国家法定节假日不得安排。开展研学旅行势必占用课时，只能在学生已经相对饱和的课程安排中调整出研学旅行的时间，一旦素质教育触动了学生的升学和学校的升学率，就很难进行推广，这就是素质教育落实难的根本原因。2016 年 3 月 14 日，《四川日报》联合发起网络调查“你愿意让孩子参加研学旅行吗？”，从调查反馈看，有 20. 3%的网友担心研学旅行花了时间，耽误了课程，到最后却学不到任何内容。要想改变素质教育落实难的问题，现行的教育评价体系必须做出改变。

（二）政策压力

2014 年，国务院文件《国务院关于促进旅游业改革发展的若干意见》（国发〔2014〕31 号）将研学旅行作为拓展旅游发展空间的重要举措。2014 年 3 月 4 日，教育部颁布了《关于进一步做好中小学生研学旅行试点工作的通知》，鼓励学校开展研学旅行活动，并把研学旅行作为社会实践活动课程的重要组成部分。试点工作探索建立研学旅行运行的管理机制、协同配合机制、安全保障机制、经费保障机制和科学评价机制，从五大方面指导试点省市开展研学旅行活动。虽然有国家教育部的明文规定，但缺少国家层面上具体的项目设计，缺乏具体的规划实施方案，试点工作推广过程中还需要破解一系列难题。如果没有系统组织和制度保障，学校不敢贸然组织活动。首先是安全问题。当学生在传统的“课堂时间”离开家长视野、走出学校围墙，家长们多少有些担忧。从 2016 年 3 月份四川网络调查的结果反馈看，有 57. 1%的网友把“学生安全”列为研学旅行的首要问题。开展研学旅行，会涉及很多安全因素，出行安全、饮食安全、活动安全等，教育部门和学校要承担的责任比较重，在实际操作过程中，还会遇到一些突发状况，存在很多实际困难。如果没有系统的安全保障机制，学校和家长都不会放心。但不能因为安全问题而禁止研学旅行，做好安全出行的措施，改变对安全问题的忽视心理，才能创造一个安全、自由的活动环境。其次是经费问题。政府政策引导“政府一部分，学校一部分，学生一部分”，但没有具体的执行比例，学校不知该向学生收取多少经费才算合适，不敢贸然收费。目前，爱国主义教育基地和一些工农业旅游示范点，还有博物馆和图书馆等场馆、一些工矿企业和科研院所对中小学生的团体参观予以免费，但其余大部分景区景点都要收费；除此之外，研学旅行仍然涉及吃、住、行等费用，学校没有专项经费列支，按规定也不能向学生家长收费，活动开展困难重重。尤其对于一些家庭条件并不富裕的学生来说，连最基本的吃、住、行等出行费用都很难拿出。最后是政策问题，如何有效整合各种社会资源，是研学旅行顺利开展的保障。需要成立专业的部门，对参与活动的各社会资源进行统筹管理、监督和引导。如果国家不出台相应的执行政策，如果不完善监督管理、财政支持、安全风险防范等方面的法律法规，研学旅行仍然会停留在试点阶段，难以大面积推广。

河北省教育局和旅游局从两个角度推进研学旅行，扩大试点范围，制定行业标准，但多是政府层面的政策引导，缺乏具体推动的实施措施，各地需根据自身条件，积极探索，灵活展开。2015 年河北省旅游局启动编制《河北省研学旅行教育实践基地建设评定标准》，2015 年 4 月下发《河北省教育厅关于申报中小学生研学旅行试点校的通知》，启动新一轮的试点学校申报工作，扩大研学旅行试点范围。2015 年 5 月沧州市教育局印发《关于开展中小学生研学旅行试点工作的实施方案》，决定自 2015 年始，在全市启动中小学生研学旅行工作，首批试点学校共 6 所，其中小学 4 所（运河区迎宾路小学、新华区建兴小学、青县实验小学、泊头市光明小学），中学2所（沧州市第八中学、献县十五级中学）。

同时在理论研究方面也在不断进行尝试和深入，河北省积极推进研学旅行。2015年9月29日在河北省邯郸市召开全国研学旅行研讨会，从政策、理论、实践和意义多层面多角度对在中小学开展研学旅行展开研讨。与会专家、学者认为，在政策层面国家应加以引导和支持，在理论层面应加强基础研究和应用研究，特别是深入研究了教育规律、旅游规律和人的全面发展；在实践层面应总结试点经验加以推广，研学旅行的全面开展需要一个过程。同时还系统研讨了研学旅行中的安全问题、课程化教学问题、资金支持以及线路、产品和基地建设等问题[98]。

（三）产品压力

随着中小学素质教育的深入推进和旅游业的快速发展，研学旅行对于青少年学生在陶冶情操、增长见识、培养创新精神和实践能力等方面的作用日益显现，社会需求迅速增加。河北省具有燕赵文化、抗战文化、长城文化等丰富的历史文化方面的资源基础，兼具五种地貌形态的自然地理资源也极具特色，具备发展研学旅行的基础要素。旅游资源丰富并不等于丰富的研学旅行产品，必须结合中小学生的特点和学科内容要求，进行旅游资源的就地转化，结合更多的吃、住、行、游、娱资源，开发系列研学主题，打造完善的研学旅行体系。无论是理论层面，还是研学旅行的实施方案和项目设计，都应从国家战略层面、国民素质教育的高度谋划研学旅行体系。

教育是核心，旅游是形式，发展研学旅行需要教育部门和旅游部门的融合发展，需要文化部门和政府的支持。为增强研学旅行的吸引力，应加大研学旅行产品的广度和深度开发。一是要加大研学旅行产品深度的开发，目前，我国研学旅行活动多以春秋游、科普参观、第二课堂兴趣活动为主，形式单调、内容单一；虽然开发出一些科普游，冬、夏令营，但仍以观光为主，参与性的活动较少，主题不鲜明，缺少与课程的有效对接。研学旅行的价值真正体现在研学的深度上，主要依靠研学资源的选择和研学导师的引导。应积极挖掘河北省旅游资源的教育内涵，把政治、经济、文化、职业体验与导向等内容融合到活动中，选择适宜的研学目的地；项目设计要有深入的参与性、深刻的体验性以及深远的持续性[22]，要能吸引青少年学生的参与兴趣，乐于参与其中，加深研学旅行对研学者素质的深远影响；二是要加大研学旅行产品的广度开发，一方面要扩大研学旅行的主题范围，涉及历史、生物、地理、语文、数学等多学科，在基础教育阶段形成一个完整的研学体系；另一方面要扩大研学旅行活动的空间跨度，目前，我国研学旅行活动多在市（县）内、省内开展研学活动，河北省要利用区位优势，与紧邻的京津形成产品联动，如京津冀高校游产品，进而与华北地区的其他省份联动，形成区域品牌。

西柏坡纪念馆是中国革命旧址纪念馆，2016年荣获我国首批“全国研学旅游示范基地”称号，目前已经形成了一个完整的、多层次的革命传统教育体系。纪念馆拥有革命文物2000多件，其中一级品8类15件，通过文物、文献、图片、资料，系统形象地反映了中共中央和领袖们在西柏坡期间的革命实践活动，以馆藏陈列品参观为主。近几年运用最新的陈展理念，增加了陈列的主题、内容和形式，采用现代化展示技术和手段，进一步突出陈列的教育功能。纪念馆历史文化资源丰富，但教育计划、教育项目依然陈旧，缺乏针对青少年学生群体的互动体验教育环节，比如专门针对青少年学生的导览手册，青少年学生喜爱的竞赛游戏、动手操作、户外考察等活动形式；缺乏针对青少年学生的卡通宣传册、儿童互动学习专区等宣传机制。只有通过参与体验，引导中小学生带着问题参观，通过思考才能让陈列品变得丰富起来。2004年改陈后的纪念馆吸收了西柏坡的特色民俗文化和建筑形式，特色民俗和建筑应在它的孕育环境中才更能凸显特色，与西柏坡村、与平山县的社会文化、非物质文化遗产技艺等联系起来，引导学生进行回归生活的延续性学习。

第八章　河北省旅游资源的社会教育功能梳理

教育是传承社会文明、促进社会发展的主要途径。教育功能是教学活动或系统对个体发展和社会发展所产生的各种影响和作用[99]。旅游产业因综合性强、关联度大、产业链长，与工业、农业、教育、医疗、科技、生态、环境、建筑、海洋等领域交叉渗透，形成了一个泛旅游产业群，带动相关产业发展。2016 年河北省共接待海内外游客 4.67 亿人次，实现旅游总收入 4654.5 亿元，很多旅游资源丰富的市、县把发展旅游业作为带动区域经济增长的战略选择，提出“旅游立市”“旅游兴市”“旅游强县”等目标，全省旅游业发展氛围浓厚。旅游产业显示出强大的经济功能，还有文化功能、生态功能、社会功能、教育功能等多种功能，但旅游的社会教育功能不应被忽视，应挖掘河北省旅游资源的社会教育功能，以社会教育功能理论为视角开发教育旅游产品，提高旅游资源的利用价值，实现河北省旅游产业的综合效益和可持续发展。

明代有一位了不起的旅行家王士性，他的足迹甚至比徐霞客还广，著有《广志绎》《广游志》《五岳游草》等地理著作，当代中国的著名历史地理学家谭其骧称赞王士性对中国地理学的贡献，与徐霞客“在伯仲之间”。徐霞客在自然地理上略强于王士性，而王士性更注重人文地理的考察，在长期的游历过程中形成了独特的旅游观，包括旅游广游观、旅游智育观、旅游美育观，地域考察的广泛性，考察内容的丰富性，为其独特的旅游观奠定了基础[100]。旅游广游观是王士性旅游观的思想基础，其强调广泛游历在求知过程中的重要性。孔子一生游历丰富，提倡听乐观礼的文化之旅，注重体悟山水的自然之旅，在游历中感受山水，在感受山水中体悟人生，在体悟人生中深思求索，在深思求索中形成哲理。孔子的旅游观可以从旅游德育观、旅游智育观、旅游美育观、旅游社会观、旅游致思观、近游观六个角度认识[101]。下面将结合孔子的旅游观和王士性的旅游观来重点探讨河北省旅游资源的教育功能。

改革开放后党和政府总结出了“德、智、体、美、劳”的五字教育方针，是对人的素质定位的基本准则，着眼于学生的全面发展、和谐发展，也是人类社会教育的趋向目标。旅游是一种社会实践，从本质上看是一种文明所形成的生活方式。旅游在开阔视野、增长知识、陶冶情操、增强体质等方面起到了积极的影响和作用，这些都体现了旅游的社会教育功能。随着时代的发展，旅游的社会教育功能涉及的范围越来越广，主要体现在旅游德育、旅游智育、旅游体育、旅游美育、旅游劳育等方面。

一、旅游德育

（一）河北省中小学生德育教育现状

2016 年 5 月 25 日教育部召开新闻发布会，教育部基础教育一司司长吕玉刚介绍全国中小学德育工作情况。教育部实施了《蒲公英行动计划》，切实培养学生的社会责任感、创新精神和实践能力，目前，全国各类校外活动场所共 15337 所，为开展实践育人提供了条件保障，其中各省市进行了实践育人的积极探索，如北京 2015 年推行市级社会大课堂资源单位认定工作，四川、甘肃完善“青少年志愿服务制度”，黑龙江在中小学开展“绿丝带飘起来”环保实践活动等。教育部精心设计和组织“少年传承中华传统美德”之“小小百家讲坛”“寻访红色足迹”等系列教育活动，北京开展“国学大师进校园”“劳模进校园”等活动，西藏建设“非物质文化遗产进校园示范基地”，云南将民族音乐、舞蹈、刺绣、传统手工艺等列入教学活动，贵州推进“道德讲堂·唱响国学”，通过丰富多彩的活动开展中小学德育工作。中小学德育工作要注意同智育、体育、美育、劳动教育等结合推进，要注意同家庭、社会教育结合开展，积极争取有关部门的支持，推动形成良好的育人环境。

为庆祝新中国成立60周年，2009年河北省开展了一系列群众性爱国主义教育活动。以“新中国从这里走来”为主题，从4月份到10月份的半年时间里，在青少年学生中开展爱国主义教育基地巡学活动，把革命传统和时代精神结合起来，引导青少年学生深刻理解核心价值观的内涵。此次活动共有500多万名青少年参与，2.8万多名青少年撰写了爱国主义主题征文。2005～2009年的6年时间里，河北省省级以上爱国主义教育基地接待观众超过5500万人次，其中2009年接待观众就达1369万人次[102]。

十一五、十二五以来，河北省坚持“育人为本，德育为首”的工作理念，以社会主义核心价值体系进校园为核心，以中华文化教育为载体坚持以爱国主义教育为核心，以中华传统美德和革命传统教育为重点推进河北省中小学生德育教育工作。2016年1月22日，在石家庄召开全省中小学社会主义核心价值观教育经验交流暨2016年中小学德育工作会，会议总结交流了近年来河北省中小学培育和践行社会主义核心价值观工作，全省70个研学旅行试点学校主管校长参加了会议。省教育厅副厅长王廷山提出了下一阶段扎实推进中小学社会主义核心价值观教育工作的重点方向，其中“以社会实践为依托，打造精品实践活动”为研学旅行指明了发展方向。

（二）旅游与德育的关系

“德”指道德、品德，是中华民族自古以来所推崇的。进入文明时代以后，人类具有共有的思想道德规范。德育是对学生进行思想、政治、道德和心理品质等方面的综合教育。思想教育是形成学生一定的世界观、人生观、价值观的教育；政治教育是形成学生一定的政治观念、信念和政治信仰的教育；道德教育即促进学生道德发展的教育。德育教育贯穿于人类社会始终，是各个文明社会共有的教育现象，具有社会性，我国德育是一种涵盖整个社会意识形态的“大德育”。旅游德育主要是通过旅游活动，利用旅游业的参与性、体验性特点，潜移默化地接受爱国主义教育、集体主义教育、国防教育、社会公德教育、世界观和人生观教育等方面的教育，从而完成社会教育的德育教育。孔子从自然景观角度发掘的仁、义、道、德、勇……，正是人类普遍认同的思想道德规范。旅游德育教育是社会德育的重要形式，可以采用活动德育模式、情景德育模式、励志德育模式三种模式开展教育，红色旅游资源是开展旅游德育的重要基础。

（三）推行德育+旅行的教育方式

1.河北省的红色旅游资源

红色旅游是我国在2004年年底时正式提出的，时间界定为1840年以来的170多年之间的中国近现代历史时期，以中国共产党相关的历史纪念地为资源的专题旅游。以各个革命圣地为载体，红色人文景观结合绿色自然景观，把革命传统教育与促进旅游产业发展相结合的新型主题旅游形式，蕴含着丰富的革命精神和厚重的历史文化内涵，有利于中华民族先进文化和优良传统的传承。河北省是红色旅游资源大省，数量多，分布广：根据河北省旅游局资料，截至2012年年底拥有红色旅游资源197处，其中国家经典红色旅游景区26处；资源品位高：拥有像西柏坡、冉庄地道战遗址、狼牙山、白洋淀、雁翎队、董存瑞纪念馆、马本斋纪念馆等在国内外知名度极高的红色旅游资源，以英雄人物和事迹创作了大量的文艺作品，如电影作品《地道战》《狼牙山五壮士》《董存瑞》《小兵张嘎》《敌后武工队》《平原游击队》等，长篇小说《红旗谱》，革命歌曲《歌唱二小放牛郎》，等等，闻名全国；资源种类齐全：除长征类外，建党建军类、土地革命类、抗日战争类、解放战争类、统一战线、革命家、革命烈士类等其他类型均有分布，内容系统完整。河北省的红色旅游资源按时间顺序可以划分为反帝反封建时期（1840—1921）10

处、革命战争时期（1921—1949）164处、社会主义建设时期（1949—1979）10处、改革开放时期13处（1949年至今）。其中革命战争时期164处，占到资源总量的83%，成为红色旅游资源的主体。河北省曾是抗日战争时期晋察冀和晋冀鲁豫的重要根据地，革命历史遗存丰富，基本拥有了完整的红色教育资源体系。河北省红色旅游可规划为西柏坡红色旅游区、冀南红色旅游区、冀中红色旅游区、冀东红色旅游区、冀北红色旅游区共五大红色旅游区，依托本地区的国家级、省级重点红色旅游景区分别打造“胜利曙光，新中国摇篮”“挥师华北，驰骋太行”“抗日烽火，人民战争”“建党先驱，革命火种” “长城硝烟，英烈长存”等主题。

河北省红色旅游资源分区表

红色旅游区	地区范围	主题	国家级重点红色旅游景区	省级重点红色旅游景区
西柏坡红色旅游区	石家庄 19 处	胜利曙光，新中国摇篮	2	3
冀南红色旅游区	邯郸、邢台 24 处	挥师华北，驰骋太行	3	2
冀中红色旅游区	保定、沧州、衡水50处	抗日烽火，人民战争	6	6
冀东红色旅游区	唐山、秦皇岛、廊坊 18 处	建党先驱，革命火种	2	3
冀北红色旅游区	张家口、承德 19 处	长城硝烟，英烈长存	1	3

新中国成立后修建的各类红色教育基地，利用爱国主义教育基地的丰富资源开展爱国主义教育，对于激励爱国意识、弘扬民族精神、了解地域文化、传播社会主义先进文化起到了良好的推动作用，但教育功能并没有充分发挥出来。爱国主义教育基地的教育功能主要包括坚定参观者建设中国特色社会主义的信念，增强参观者的历史认同感和民族自豪感，增强参观者积极投身祖国现代化建设事业的责任感和使命感[103]。将教育基地真正建设成广大群众培养爱国情感和培育民族精神的前沿阵地，建成青少年开展革命传统和中华民族优秀文化学习的第二课堂，充分发挥爱国主义教育基地的教育功能。

众多专家和学者从多角度梳理河北省的红色旅游资源，出版了大量文献作品，不断扩大爱国主义教育的影响力。中共河北省委宣传部等 7 个单位联合编撰《河北省爱国主义教育基地丛书》，石存信、段建海主编《精神丰碑：百个爱国主义教育示范基地巡礼》，杨学军主编《红色之旅：百个爱国主义教育基地》等，重点介绍了相关的伟大历史人物和重大历史事件。从爱国主义教育基地的整体层面或具体功能层面，国内学者阐述建设工作对公众尤其是青少年学生群体的教育意义，黄励、杨琳认为爱国主义教育基地是进行青少年学生思想道德建设的主要阵地；丁祥艳、林春逸、翁路英认为爱国主义教育基地是弘扬和培育民族精神的载体。

2.河北省的爱国主义教育基地

爱国主义是中华民族的光荣传统，爱国主义教育是提高全民族整体素质的基础性工程，1994 年 8 月 23 日，中宣部颁布了《爱国主义教育实施纲要》，拓宽了进行爱国主义教育的渠道，强调通过丰富多彩的实践活动获得教育成果，阅读爱国主义教育图书、观看爱国主义影片和学唱爱国主义歌曲，引导广大群众特别是青少年学生树立正确的理想、信念、人生观、价值观。爱国主义教育示范基地是进行爱国主义教育的重要场所和生动教材，中宣部向社会公布了四批爱国主义教育示范基地名单，共向社会推荐 353 处爱国主义教育示范基地，并设想以此影响和带动全国爱国主义教育基地的建设。第一批，公布时间为 1997 年 6 月 11 日，共 100 处；第二批，公布时间为 2001 年 6 月 12 日，共 100 处；第三批，公布时间为 2005 年 11 月 21 日，共 66 处；第四批，公布时间为 2009 年 5 月 22 日，共 87 处。四批次中含有河北省 18 处国家级爱国主义教育示范基地。河北省省委、省政府先后分四批命名省级以上爱国主义教育示范基地，内容涵盖革命历史、文物博物、建设成就和风景名胜等各个方面。2014 年 11 月，中宣部命名 4 处全国爱国主义教育示范基地，唐山地震遗址纪念公园名列其中。截至 2014 年 11 月，河北省市级以上爱国主义教育基地共有 336 处，其中国家级 19 处、省级 77 处、市级 240 处，全省 90%以上的县有爱国主义教育基地，基本形成了国家、省、市、县四级爱国主义教育基地网络[104]。由中共河北省委宣传部主办、燕赵都市网承办创建的红色河北——爱国主义教育基地网上展馆，实现了对全省省级以上爱国主义教育示范基地的网络展示。

河北省国家级爱国主义教育示范基地名单

批次	爱国主义教育示范基地名单
第一批	乐亭李大钊纪念馆、涉县129师司令部旧址、白求恩、柯棣华纪念馆、清苑冉庄地道战遗址、西柏坡中共中央旧址、董存瑞烈士陵园
第二批	华北军区烈士陵园、潘家峪惨案纪念馆、中国人民抗日军事政治大学陈列馆、河北省博物馆、唐山抗震纪念馆
第三批	城南庄晋察冀军区司令部旧址、晋冀鲁豫烈士陵园、马本斋纪念馆、潘家戴庄惨案纪念馆
第四批	山海关长城博物馆、冀南烈士陵园、热河烈士陵园
2014年11月	唐山地震遗址纪念公园

综合河北省各级爱国主义教育基地的主题和教育内容，大致可分为革命传统教育、历史文化教育、名人事迹教育、科普教育、新中国建设成就教育等几种类型，在各级爱国主义教育基地中开展革命传统教育和历史文化教育的爱国主义教育基地占绝大多数，但一般会同时开展多项主题的爱国主义教育[103]。2015年12月5日，在西柏坡成立河北省爱国主义教育基地协会，是由省内爱国主义教育基地和相关教学、科研机构等单位以及热衷于爱国主义教育工作的单位和个人自愿组成，协会首批会员单位129家，推动河北省爱国主义教育基地深入发展。

2008年1月23日中宣部、财政部、文化部、国家文物局联合下发《关于全国博物馆、纪念馆免费开放的通知》（中宣发〔2008〕2号），启动全国博物馆、纪念馆免费开放工作，爱国主义教育基地中的全国示范基地率先免费开放，2009年，除文物建筑及遗址类示范基地外，其他所有示范基地全部向社会免费开放。2013年财政部发文《中央补助地方博物馆纪念馆免费开放专项资金管理暂行办法》，至2010年全国公布了三批国家免费开放博物馆、纪念馆名单，数量达1893家，参观人数稳步增长。自2010年至2014年，历年参观人次分别为46494万、51660万、57400万、63777万、70155万，其中青少年参观人次分别为13018万、14465万、16072万、18206万、19643万，增幅相当大[105]。其中青少年、低收入群体的参观人数较免费开放前有了大幅提高，尤其是青少年群体维持在总人数的28%～28.5%，成为参观学习的主体。

随着爱国主义教育基地的推行，全国博物馆、纪念馆的逐步开放，到访人数在数量上不断增加，但总体来看，利用爱国主义教育基地开展的教育活动较少，多停留在浅层次的观光上，辐射面也不够广。同时，一般中小学生基本在同一地区求学，学校统一组织的爱国主义教育示范基地参观往往具有重复性，在整个基础教育阶段没有系统性和连贯性，降低了利用教育示范基地开展实践教学活动的价值。爱国主义教育示范基地的主要服务对象是在校中小学生，应联合社会、整合校内资源合力共建爱国主义教育示范基地，由爱国主义教育示范基地精心设计学校教育的“第二堂课”，丰富教育形式，为学校送爱国主义教育上门，加强“学校+基地”的联姻。

3. 加强爱国主义教育基地的内涵和特色建设

爱国主义教育基地的展品都有其背后的历史背景，不同展品之间存在着千丝万缕的联系，甚至不同的爱国主义教育示范基地之间也存在一定的联系。深入研究史料，深挖展品的文化内涵，从中发现更深的教育资源，只有把展品背后的文化内涵通过多种形式展示给参观者，通过文化内涵建设特色品牌，吸引更多的参观者，才有助于爱国主义教育示范基地的教育功能发挥，才有利于发挥公益性文化机构的社会价值。随着时代发展，有些展品被赋予了新的时代内涵，爱国主义教育示范基地的教育功能也要与时俱进。

第一，根据孩子成长需要组织教育活动，在未成年人成长的关键点，如入学、入队、入团、入党等特殊日子，举办宣誓、辩论、演讲、知识竞答等多种形式的活动，而不仅仅是参观展览、观看影像、合影留念等简单的活动形式。第二，在重要节日举办教育活动，如七一、八一、国庆、中国文化遗产日、中国旅游日等特殊日子组织相关活动。承德市主办 2016 年中国文化遗产日系列活动，主题是让文化遗产融入现代生活，同时展出第三届中国文化遗产美术展、古建筑保护摄影展，开展文化遗产知识进校园活动，举办形式多样的主题讲座、知识竞赛、文博动手体验类活动。七一建党节到乐亭李大钊纪念馆参观，升华理想信念，目前李大钊纪念馆已成为唐山市教育实践活动的大课堂。第三，举办爱国主义教育示范基地巡回展，利用爱国主义教育示范基地的资源首先在所在地级市，然后在全省范围内展开巡回展出，重点进入中小学进行巡回展出，不同地区的爱国主义教育示范基地之间相互交流，增强爱国主义教育示范基地的宣传，营造教育氛围，增强爱国主义教育示范基地的吸引力。

4. 以旅行的方式开展实践育人

利用河北省的红色旅游资源与爱国主义教育示范基地，坚持课程育人、实践育人、文化育人与管理育人相结合的育人方式，传承中华优秀传统文化，加强和推进中小学德育工作。依托河北省的红色旅游资源建设校外德育教学基地，大力开展校外青少年活动场所建设，积极探索建立学校教育与校外活动相互配合的工作机制。

打造圣地西柏坡，推进“大西柏坡”建设。西柏坡中共中央旧址是中国共产党在革命洪流中的历史印迹和文化生态，以“新中国从这里走来”为精神主题，以红色文化为主导，着力培育西柏坡红色旅游品牌，打造成为全国的红色旅游经典景区。2016 年国家旅游局推动旅游业由“景区旅游”向“全域旅游”发展模式转变，构建新型旅游发展格局，从实践的角度，以城市（镇）为全域旅游目的地的空间尺度最为适宜。打破地域、空间、体制的限制，科学整合周边资源，首先吸纳纪念馆周边的东柏坡、西柏坡等村庄，把平山县当作一个旅游景区，推进“大西柏坡”建设，实现旅游产业的全景化、全覆盖。在推进“大西柏坡”建设的过程中，保障周边风貌与革命纪念地的文化主题相协调。挖掘阜平城南庄晋察冀军区司令部旧址的革命历史文化内涵，将城南庄打造成为西柏坡红色旅游圣地的重要组成部分。

打造红色太行旅游带。作为河北省的文化血脉和标志性记号，红色太行是开展红色教育基地建设的主线。河北省红色文化资源丰富，具备浓厚的革命文化沉淀，孕育了“小兵张嘎”“狼牙山五壮士”“白洋淀雁翎队”“奋身炸碉堡的董存瑞”等为代表的光荣形象，并以此创作了大量的经典影视作品。创建一批爱国主义教育示范基地集群，全方位、多层次开展各种形式的主题活动，打造“红色太行”品牌。沿太行山脉、由南向北依次分布着涉县一二九师司令部旧址红色旅游区、邢台前南峪红色旅游区、易县狼牙山红色旅游区、阜平城南庄红色旅游区、清苑冉庄地道战红色旅游区、安新白洋淀红色旅游区、献县马本斋红色旅游区、唐山地震遗址红色旅游区、乐亭大钊故里红色旅游区、张北野狐岭国防教育红色旅游区、喜峰口长城抗战红色旅游区、隆化董存瑞烈士陵园红色旅游区等众多红色旅游区，按“以线带点，连点成片”的思路，开发太行山红色旅游教育产品，重点打造资源比较富集的保定片区和邯郸片区。

二、旅游智育

（一）河北省中小学生智育教育现状

智育是教育者创设一定的情境以提升教育对象的智慧水平为目标的教育，智育的主要任务和内容应当是传授知识、形成技能和发展智力，还要注重培养学生的自主性和创造性。我国绝大多数中小学采用应试教育体制，以升学率高低检验学校教学质量、教师工作成绩及学生学业水平，智育是学校教育的核心。如果素质教育是对理论的深度探索，应试教育则是对理论的传递与背诵。随着素质教育的提出和竞争压力日益增大，应试教育逐渐受到质疑，素质教育应运而生。20 世纪 90 年代起，基础教育界注意到“重智育、轻德育”的现象，提出加强人文教育，以培养健全人格的学生为目标。我国尚处于发展中国家的国情决定了在未来一定时间内，我国仍将继续采用应试教育的人才培养模式。所以我们需要考虑的是教育问题的更深层次——如何在现行应试教育的体制下推行素质教育。

在实施全面发展教育过程中，智育提供了科学文化知识基础和智力基础，可以促进德、体、美、劳等各方面教育的发展。当今的教育功利性太强，过分强调“智育为先”的教育，社会评价学校、老师评价学生、家长评价孩子完全取决于成绩与分数的高低，与人的个体发展规律相违背。欧洲伟大诗人但丁说过：“道德往往可以弥补智慧的不足，智慧常常不能填补道德的空白。”[106]教育部提出“德育为先”，当然传统的智育教育也不能放松。

在应试教育体制下，各省的高考状元往往集中到几所名校，中国孕育了一所又一所的“超级中学”，几乎垄断了该地区所有的优秀生源和教师。目前，河北省有石家庄二中、衡水中学、衡水二中、武邑中学、正定中学、冀州中学、唐山一中等所谓的“超级中学”。“超级中学”的出现，与地方教育发展的功利思想及教育利益有关，与学生“考学是唯一一条出路”的观念有关，与家长长期重视智育而忽视其他方面发展的观念有关，与推进义务教育均衡背道而驰，导致当地高中畸形发展，同时也加剧了应试教育竞争。

（二）旅游与智育的关系

我国国民往往把智育简单理解为理想的考试成绩，理想的智育应该是学生的全面智育：思维的发展、智慧的发展、求知欲的发展、创造力的发展，等等。苏联教育家阿莫纳什维利认为：“高分与学业的压力会阻碍孩子们对知识的渴求，会阻碍他们在学校快乐和愉快地生活。”我们应该走出分数的误区，从追求高分转移到如何把高分转化为创造力。学校的学科教育要把知识建筑在一个广阔的“智力背景”上，把课堂教学与生活相联系，与社会相沟通，注重实践。“两耳不闻窗外事，一心只读圣贤书”，是中国传统教育的理念，而“风声雨声读书声，声声入耳；家事国事天下事，事事关心”又教导我们不仅要读好书，还要关心社会发展。我们的智育学习应该是开放性的学习，把学生从校园解放出来，扩展他们的活动空间，与生活相联系、与自然相联系、与社会相联系。可以利用家乡的自然地理环境、历史文化积淀、工农业生产、科技发展、民俗风情等开展研学旅行活动，增强中小学生对课堂知识的理解和感悟，抽象出事物和现象的内在规律，培养实践能力和创造能力。

孔子提倡“仁者乐山、智者乐水”的旅游观，号召人们游山玩水，认识自然，开发自然，在认知世界（包括山、水）奥秘的过程中增长自己的知识、丰富自己的智慧，通过游历发展旅游者的理智感，激发旅游者的情感因素。王士性在游历自然山水的同时，注重考察人文现象，探索地理事物的内在规律，先进的旅游智育观是王士性旅游观的核心，旅游智育观也是旅游教育观的基础和核心。通过开展研学旅行，达到认识自然、了解社会、增加知识、丰富智慧的目的。

（三）推行智育+旅行的教育方式

1.自然类研学

广义的自然界指包括人类社会在内的整个客观物质世界，狭义的自然界仅指与人类社会相区别的物质世界。自然界是客观存在的，是人类赖以生存的基础，水、空气、山脉、河流、微生物、植物、动物、地球、宇宙等，都属于大自然的范畴。大自然是天然资源，人与大自然应该互相尊重，尊重大自然首先应该认识大自然。河北省地处中纬度沿海与内陆交接地带，东临渤海、内环京津，西为太行山，北为燕山，燕山以北为张北高原，地势西北高、东南低，由西北向东南倾斜。地貌复杂多样，高原、山地、丘陵、盆地、平原类型齐全，地形地貌齐全，山、原、海的自然地理条件和暖温带半湿润落叶阔叶林气候特征构成了该区自然地理的基础环境。

自然保护区是开展生物多样性研究的重要资源基础，河北省拥有昌黎黄金海岸国家自然保护区、兴隆雾灵山国家自然保护区等13处国家自然保护区，都是进行生物演化知识教育的场所。地质遗迹类资源是开展科学研究的重要资源基础，河北省拥有承德丹霞地貌国家地质公园、涞源白石山国家地质公园等10处国家级地质公园，都是进行地质地貌科学知识教育的场所。森林资源是进行自然保护和生态文明建设的重要资源基础，河北省拥有秦皇岛海滨国家森林公园、塞罕坝国家森林公园等26处国家级森林公园，都是进行环境知识教育的场所。河北省优越的自然地理环境是开展自然类研学的合适场所。

2.社会文化类研学

人类社会是整个自然界的一个特殊组成部分，是在自然界发展到一定阶段随着人类的产生而出现的。文化属于历史的范畴，每一个社会都有与其社会形态相适应的社会文化，并随着社会的发展而不断演变。河北省作为华夏文明的重要发祥地，经过数千年的积淀，形成了丰富、独特的文化，成为名副其实的文化资源大省。一百多万年前旧石器时代的阳原县泥河湾古人类活动遗址，可以了解北方古人类的起源发展变迁。拥有长城、避暑山庄及其周围庙宇、清东陵、清西陵等 3 项 5 处世界文化遗产，10 处国家级风景名胜区，全国重点文物保护单位 168 处，可以了解我国古代建筑、军事工程的建造智慧，展示古代的辉煌历史。拥有 5 座历史文化名城、8 个历史文化名镇、12 个历史文化名村，可以了解历史孕育的深厚文化底蕴和重大历史事件。拥有国家级非物质文化遗产项目 227 项，国家级非物质文化遗产代表性传承人 91 人，散落在民间的传统技艺成为了解广大民众生活方式的最佳途径。分布在燕山、太行山区的红色旅游资源，可以了解我国革命战争时期的历史事件和英雄事迹。这些旅游资源对中小学生的社会科学教育具有重要意义。

三、旅游体育

（一）河北省中小学生体育教育现状

中国学生体质差是众所周知的，近年来我们又经常看到这样的报道：学生起立回答问题时当场昏厥，体育课热身跑步时学生猝死，体育课上学生跳绳时猝死，大学生运动会上800米赛后猝死……一个个惨痛的案例，再次印证这一事实，不得不引起教育业界的深思。2011年1月6日、7日两天，石家庄市长安区教育局举办了“长安区中小学生国家体质健康标准测试活动”，共抽查了小学五年级、初中二年级和高中二年级的1000名学生进行体质健康测试，初步统计结果显示，高中阶段学生的体质最差[107]。2012年6月5日，上海市教委组织全市120万名中小学生参加体质健康测试，测试结果显示全市中小学生健康综合达标率为89. 1%，却呈现出随着学生的学龄增长而出现体质下降的趋势[108]。由21世纪教育研究院、中国青年网青年舆情中心等机构联合发布的调查报告（2012）显示，每天坚持运动的大学生仅占8%，每周内几乎不运动或只运动1～2次（分别为22. 5%和35. 9%）的大学生超过半数[109]。高中生因为高考压力，挤占体育锻炼时间，在中小学生群体中体质相对最差；而经历千辛万苦入大学校园的莘莘学子，由于我国“严进宽出”的大学教育制度，则更加忽视体育锻炼。

国家体育总局、教育部公布的《2014年国民体质监测公报》表明，我国青少年体质下滑的总体趋势未能彻底扭转[110]。我国大、中、小学生体质下降，反映出素质教育在落实过程中存在问题，也关系到我国全民素质。体质下降的首要原因就是缺乏锻炼，2007年教育部、国家体育总局和共青团中央共同启动“阳光体育”活动，活动全称为全国亿万学生阳光体育运动，推动全国亿万大中小学生在校期间每日锻炼1个小时，培育青少年加入体育锻炼的兴致，切实提高学生体质健康水平。2011年3月5日，“保证中小学生每天一小时校园体育活动”被写进政府工作报告。2014年12月21日，由共青团中央、教育部、国家体育总局、全国学联联合主办大学生“走下网络、走出宿舍、走向操场”主题群众性课外体育锻炼活动推进会，改善当代青年大学生体质状况。2016年5月国务院办公厅印发《关于强化学校体育促进学生身心健康全面发展的意见》，强化体育教育，增强青少年体质，促进学生全面发展。

（二）旅游与体育的关系

现代的体育教育已不再仅仅是增强学生体质，还要培养学生兴趣、养成锻炼习惯、掌握运动技能。人的一生也是进行体育锻炼和接受体育教育的过程，终身体育是终身教育的一部分，使全体国民逐渐养成终身体育的观念。体育运动已经渗透到社会的各行各业、人生的各个阶段、生活的不同领域，影响着人们的生活方式和价值观念，终身体育将会成为生活的一种新时尚。体育活动同时兼具参与性与挑战性，参与性可使参与者获得不同的感受，挑战性能激发向上的精神，满足参与者战胜困难和自我展示的心理需求。

旅游体育观是为了满足旅游者的各种专项体育需求，在旅行过程中提供融健身、休闲、娱乐为一体的服务，使旅游者达到锻炼身体和意志，增强体质，使身心和谐发展，实现自我满足的目的。旅游活动在整个旅行过程中积极发挥着社会体育的功能。校外体育活动可以利用地区的自然资源和地区特色开展体育旅行活动，以体育与旅行相结合的健身方式，达到强身健体的目的。发展体育旅行需要结合地区特点和旅游特色，河北省几乎适合开展所有类型的体育健身活动。一方面，可以把河北省众多的非物质文化遗产项目研习引入校园体育课堂，如永年县太极拳，邢台、威县梅花拳，文安、固安八卦掌，沧州武术，保定鹰爪翻子拳，吴桥杂技，泊头市六合拳，深州形意拳等项目，丰富校园体育的活动形式，传承中华武术文化。另一方面，根据地区优势资源和体育品牌项目，丰富活动形式，扩大活动范围，如在渤海湾的滨海区域的秦皇岛、唐山、黄骅开展沙滩和水上运动项目，沙滩项目如沙滩足球、沙滩排球、滑沙、滑草、拉沙舟、沙滩高尔夫等多种体育项目；水上运动项目如游泳、跳水、赛艇、皮划艇、帆船、水球等。在燕山、太行山地区开展登山、攀岩、滑雪、漂流、自行车、马术等山区运动项目，实现传统体育向旅游体育休闲的转型。

（三）推行体育+旅行的教育方式

1.在旅行中强化体育教育功能

河北省旅游资源丰富，是我国唯一兼具五种地貌类型的省份，自然资源数量众多，类型齐全，这都是借助旅游资源开展体育锻炼的优势条件。整合河北省的体育运动项目和旅游资源，针对中小学生的主体需求，规划与开发出供中小学生研学的体育旅游项目。重点开发以下四类研学体育运动项目：

（1）民族体育运动项目研学。拥有众多具有民族特色的非物质文化遗产，可以把这些项目引入校园体育课堂，利用大课间体育活动开展研习，如永年县太极拳、沧州武术、吴桥杂技、泊头市六合拳等项目，丰富校园体育的活动形式，传承中华武术文化；也可以集体组织中小学生到项目传承人所在地进行考察学习，深入了解非物质文化遗产项目的历史起源、孕育环境。

（2）体育项目训练基地研学。河北拥有大量的国字号训练基地，为国家体育项目运动队提供训练、食宿、理疗康复为一体的训练场所，还有各类相关会议，同时向社会开放，让各界人士了解、体验运动员的日常训练生活。如正定国家乒乓球训练基地、保定游泳训练基地、香河国家足球训练基地、宣化炮兵训练基地、涿州新兵训练基地、高碑店中国登山协会训练基地、廊坊武警训练基地、沧州飞行训练基地，还有分布在各地的拓展训练基地，集体组织中小学生走进训练基地，感受运动员的刻苦训练、顽强拼搏的体育精神；促进训练基地产业化发展，开发为社会服务及全民健身的体育俱乐部，成为集训练、竞赛、教学、科研和培训、国际学术交流于一体的展示窗口，全面落实国家全面健身计划。

（3）燕山—太行山的山地运动项目研学。燕山、太行山是京津的生态屏障地和水源涵养地，利用山体的高低起伏，秀丽的山水景观，开展登山、攀岩、徒步、自行车骑行、漂流等体育运动项目。河北省境内的长城大部分分布在燕山地区，长城倚燕山中南部而建，大致沿燕山山脉走向。国家文物局公布的数据显示，超过七成的长城保存状况较差，结合长城生态绿道建设，以“不登长城非好汉”“长城建设与保护”为主题，带领中小学生开展校外体育活动。

（4）新型体育运动项目研学。滑雪是一项非常惬意而又富于刺激的运动，因为其优雅的形式、刺激的感官体验，吸引更多的人来滑雪场亲身体验。张家口将协同北京共同举办2022冬奥会，由北京市延庆县和张家口市承办所有的雪上项目。河北坝上地区由于优越的地理位置和气候条件，拥有张家口的多乐美地滑雪场、崇礼滑雪场、万龙滑雪场、塞北滑雪场、翠云山滑雪场及承德的木兰围场滑雪场、清凉山滑雪场等省内众多滑雪场，为开展冬季冰雪体育运动提供了丰富的天然冰雪资源，成为河北省滑雪场聚集的区域，以冬游的形式举办“少儿冰雪体验运动”主题活动，带领广大中小学生来滑雪场领略滑雪的魅力、运动技巧和注意事项，等等。人类自古就有亲水、乐水的特性，秦皇岛和唐山、黄骅濒临渤海，具有发展滨海运动项目的天然优势，可开发沙滩和水上运动项目。

民族体育运动项目（非物质文化遗产）进校园项目

序号	所在地区	项目名称
1～2	邯郸地区	杨氏太极拳、太极拳（武氏太极拳）
3～4	邢台地区	邢台梅花拳、梅花拳（威县）
5～6	廊坊地区	八卦掌、八卦掌（固安）
7	保定地区	鹰爪翻子拳
8～13	沧州地区	沧州武术、吴桥杂技、八极拳（孟村八极拳）、劈挂拳、燕青拳、六合拳（泊头市）
14	衡水地区	形意拳（深州）

根据河北省体育旅游资源的现状和中小学生的体育教育需求，对不同类的研学体育项目应有所侧重。对传统民族体育旅游资源要突出区域性和文化性，结合民族体育的历史渊源、流派分支、传承文化、现代发展等内容进行了解与练习；通过积极承办高水平的体育赛事，以“赛事+旅游”的方式提高体育旅游的观赏性和审美性；强化滨海、山地新型体育运动项目的开发，滨海的沙滩、水上项目、坝上的冰雪项目，体现体育旅游的体验性和刺激性。

2.强化校外体育活动

把学校体育看成一个整体，纵横相连。从纵向上，把大中小学体育课程衔接起来，考虑阶段性和连续性；从横向上，把学校体育与家庭体育、社会体育相联系，体育教育不仅是学校、教师的任务，学校体育教学主要授予学生们科学的运动知识、方法和技能，课外需要学生广泛参加校外体育活动，并发动家长与孩子一起完成“体育家庭作业”，逐步形成学校与家庭、社会之间的联动。

无论是教育部等联合推行的阳光体育活动，还是学校的体育课程教学，都应突破校园体育的封闭状态。在重点关注校园体育的同时，还应把体育教育的目光投向更广阔的校外，校外体育活动是体育教育的组成部分，也是校外教育的重要组成部分。把中小学生的体育锻炼与当前的全民健身计划相结合，设计中小学生乐于接受的形式和内容，让中小学生的体育锻炼有更多的个性化色彩，全面提高中小学生的身体素质。

校外体育活动可以借助少年儿童业余体校、青少年宫、体育场（馆）和游泳池（馆）、公园或广场的儿童游戏场、运动场等场所开展，尝试市区的体育场馆向中小学生的集体体育活动免费开放，可由相关人员负责组织少年儿童进行游戏、竞赛和利用自然条件的体育锻炼，或由家长陪同小群体孩子自由进行体育锻炼，与社会、体育系统形成联动机制，为学生参加体育锻炼提供组织支撑。将学生课外体育活动纳入体育教学计划，与课外体育活动相结合，形成制度保障；丰富课外体育活动的形式和内容，大力推行大课间体育活动形式，开展具有地方特点和民族特色的学生体育活动；结合本地区的体育竞赛项目，广泛开展学生体育集体项目的竞赛活动，如河北省的轮滑、足球、迷你马拉松、冬季象征性长跑等项目。通过形式多样、内容丰富的体育活动，吸引广大青少年学生走出课堂、走向操场、走进大自然、走到阳光下，积极参加体育锻炼，能够经常、安全、科学地参与体育运动，使中小学生的体育锻炼常态化。

四、旅游美育

（一）河北省中小学生美育教育现状

国学大师王国维认为美育就是情感教育，民国教育家蔡元培认为：“美育者，应用美学之理论于教育，以陶养感情为目的者也。”同时提出了“美育代宗教”，强调的就是美育的功能[111]。人们的审美活动和艺术是在劳动过程中形成和发展起来的，美育随着人们的审美活动和艺术的产生而产生。在中国，于近代才提出“美育”的概念。美育亦称审美教育或美感教育，是指运用审美的方式实施教育，目的是提高人们的审美感受力、审美创造力及审美情趣，培养学生健康的审美观。美育与德育、智育、体育相辅相成、相互促进。

“美”是一个抽象的概念，必须依附于物的形态之上，美育就是要通过自然界、社会生活中的美好事物和先进艺术形象的思想感情来熏陶、感染受教育者，美育能丰富学校的文化精神生活，提高大中小学生的社会主义觉悟，促进学生人格的完善和全面发展，进而提高国民的整体素质。美育包括艺术教育、自然教育、社会教育、科学教育，艺术教育是美育的核心，也是实施美育的主要途径。美育目前依然是整个教育事业中的薄弱环节，主要表现在一些地方和学校对美育的育人功能认识不到位，仍然存在被挤占、停上的现象；重应试轻素养，为开展美育课程而开展，重视某些艺术特长生而忽视全体学生的审美教育；师资队伍缺额仍然较大，尤其是广大农村地区的学校这些现象更为明显。

为了强化美育的育人功能，推进学校美育工作的改革发展，2015 年 9 月，国务院办公厅印发 71 号文件《关于全面加强和改进学校美育工作的意见》，对加强学校美育提出明确要求。2016 年 6 月 18 日，安徽省滁州市的特色美育研学旅行教育基地在长城梦世界文化产业园内揭幕，针对中小学生需求研发出以影视、戏曲、戏剧等艺术课程为主体的美育课程体系，学生们可通过京剧、黄梅戏等国粹的学习和演练重温传统经典。2016 年 11 月 1 日，在北京启动“美育圆梦 聚智共享”全国学校美育发展创新峰会，同时正式启动“美育圆梦”艺术家进校园行动，由艺术家导师带着我国的国粹经典走进校园，传承传统文化经典。

2016 年 2 月 17 日，河北省下发了《关于全面加强和改进学校美育工作的实施意见》，大中小幼美育相互衔接、课堂教学和课外活动相互结合，将美育实践活动纳入教学计划，实施课程化管理，为今后的美育课程开展指明方向。建立课外活动记录制度，将学生参与家庭、社区、乡村文化艺术活动，学习优秀民族民间艺术，欣赏高雅文艺演出，参观美术展览等情况纳入中小学生艺术素质测评内容，并结合学生的综合素质评价进行。整合美育教学资源，鼓励高等学校艺术教师、艺术院团专家和社会艺术教育专业人士到中小学担任兼职艺术教师，聘请艺术家、非物质文化遗产传承人、民间艺人进校园举办专题美育讲座、开设美育课程、成立相关工作室，让这些艺术大师把文化艺术传承到校园。

（二）旅游与美育的关系

从旅游企业的角度而言，旅游实质上是以获取经济效益为目的的经济活动，旅游的本质就是经济的；而从旅游者的角度而言，人类早期的旅游活动就是以审美为需求的，旅游是人的本能，旅游的本质就是审美，美育是旅游的主要功能[112]。美育是美学与教育学的融合，是在教育学中贯彻和运用美学的教育活动，旅游美育即通过旅游活动产生和完成审美教育，是美育的重要组成部分。

审美追求是旅游的基本出发点，美丽的山川、广阔的原野、淳朴的民风……是课堂教育功能难以比拟的，旅游就是深入认识事物真相，提升全面素质的美育路径。旅游是超越日常生活空间的审美活动，旅游者在日常惯常地之外的空间开展旅游活动，通过与外界事物之间关系的不断深化，创造出新的人生意境即审美境界，体现了人们追求自我完善的特性[113]。正由于旅游高于书本知识的教育功能和提升意义，在中国古代提倡“读万卷书，行万里路”，丰富人生阅历。旅游美育即通过旅游活动进行的审美教育，也就是在旅游进程中产生、完成的美感教育。根据受教育对象范围的大小，旅游美育概念有狭义与广义之分，狭义的旅游美育仅针对旅游者而言，尤其是青少年教育；广义的旅游美育还包括旅游从业者，从广义角度来看，旅游美育是一种全民性的、广义的教育活动，对提高国民素质意义重大。

旅游界一般将旅游资源分为自然旅游资源和人文旅游资源，通过旅游活动可以对中小学生进行自然美和人文美的美育熏陶，提高中小学生的审美力。对旅游者进行美育的基础是旅游资源本身所具有的自然美与人文美。大自然是指狭义的自然界，是人类赖以生存的基础，包含各种生态系统。产生美育作用的自然美是五彩缤纷的，中小学生通过游历山川河流美景可以从形象美、色彩美、形态美、声音美、嗅觉美、内美六个方面感受自然之美[114]。广义的人文泛指文化，狭义的人文专指哲学，特别是美学范畴，中华文化始于华夏文明，五千年的历史文明源远流长，产生旅游美育作用的人文美可以说是精彩纷呈，上海师范大学的许宗元教授把人文美分为文物古迹之美、建筑景观之美、园林艺术之美、民俗风情之美、文学艺术与工艺美术之美、饮食之美六个方面，中小学生通过体验，领悟和感受中华文化的博大精深。人类借助自身的眼、耳、口、鼻、舌等感觉器官感受事物的内在美，而不只是美食体验之后的“吃饱了”，名山大川游历之后的“好玩”，只有深入体验才能感受自然美和人文美，才是真正的审美体验，这才是旅游者的真正追求，而不仅仅是浅层次的、低质量的旅游活动。旅游美育的核心是通过旅游过程中所见所历的自然美、人文美来培养、提高旅游主体（即旅游者）的审美力。王士性把旅游审美分为天游、神游、人游，天游是最高境界，是在游览中培养出的情景交融、天地化育、作逍遥游的游境奇观，是美育的核心和最高追求。

（三）推行美育+旅行的教育方式

1.在旅行中强化美育功能

第一，传统民间文学艺术与工艺美术进课堂与实地考察相结合。河北历史悠久，文化底蕴深厚，结合“美育圆梦”艺术家进校园行动，把河北省的相关传统民间技艺引进校园，丰富学校美育课程内容与形式。首先是河北省的国家级非物质文化遗产项目进入家乡校园，拥有民间美术、民间音乐、民间舞蹈、戏曲、曲艺类项目等共计 88 项，占全省非物质文化遗产项目 132 项的 2/3，民间传统文化进课堂的基础广泛，根据当地的实际条件有选择性地进校园。学校也可以组织中小学生到传承保护地、传承人家里开展研学活动，双向促进活动的开展。推进河北省的文化馆、美术馆、艺术馆对青少年免费开放，支持开展美育教研科研，把中小学建成传统文化艺术传承基地，学校、家庭、社会共同推进美育教育综合改革。

传统民间技艺（非物质文化遗产）进校园项目

序号	所在地区	项目名称
1	省直地区	河北梆子
2～7	石家庄地区	井陉拉花、石家庄丝弦等
8～24	邯郸地区	冀南皮影戏、武安傩戏、永年鼓吹乐、豫剧等
25～33	邢台地区	隆尧秧歌戏、沙河藤牌阵、乱弹（威县乱弹）等
34～48	廊坊地区	霸州高桥音乐会、霸州胜芳音乐会、京东大鼓等
49～59	保定地区	定州秧歌戏、涞水高洛古乐、徐水狮舞等
60～69	沧州地区	木板大鼓、青县哈哈腔、西河大鼓等
70～74	唐山地区	乐亭大鼓、评剧、唐山皮影戏、唢呐艺术（唐山花吹）、乐亭地秧歌
75	衡水地区	衡水内画
76～79	秦皇岛地区	昌黎地秧歌、抚宁鼓吹乐、昌黎民歌、昌黎皮影戏
80～84	张家口地区	康保二人台、蔚县剪纸、晋剧、秧歌（蔚县秧歌）、灯会（蔚县拜登会）
85～88	承德地区	丰宁满族剪纸、唢呐艺术（丰宁满族吵子会）、隆化满族二贵摔跤等

第二，学校组织中小学生走出校园，走向自然、走向社会。位于河北省北部和西部的燕山、太行山脉，秀美山水孕育了祖山、小五台山、狼牙山、苍岩山、嶂石岩、驼梁山、天桂山、抱犊寨、雾灵山、野三坡、磬锤峰等奇峰怪石的奇美形态，有野三坡百里长峡美如画的意境，有雾灵山“山下飘桃花，山上飞雪花”的奇特景观，有祖山奇花天女木兰花，山、水、林、谷、洞、泉、潭，相互辉映，蝶飞鸟语，动物出没，形成了田园景观的动态美。河北省是文物资源大省，承德避暑山庄及外八庙、遵化清东陵、易县清西陵展示皇家园林和古代建筑景观美。河北省是一个多民族省份，我国的55个少数民族河北省全有。2014年河北省人口统计数据表明，少数民族人口327万，

占全省总人口的4.36%，展示了各民族的民俗风情之美。河北省一直是传统的农耕文化民族，在历史的长河中自创了许多本地的特色美食，既有以保定为代表的冀中南菜，以承德为代表的塞外宫廷菜和以唐山为代表的冀东沿海菜的冀菜流派，还有保定驴肉火烧、秦皇岛桲椤饼、石家庄的牛肉罩火烧、藁城宫面、沧州铁狮子头、三河豆腐丝、广宗薄饼、承德御土荷叶鸡、张家口坝上莜面、柴沟堡熏肉等民间特色美食，让中小学生享受舌尖上的河北。

2.中华传统美德与文明素质教育

不同的旅游景区对游客行为的要求是不同的，尤其是生态旅游区和自然文化保护区等一些环境脆弱的旅游景区。游客在旅行的过程中表现出乱吐乱扔、乱刻乱画、乱投乱喂、不遵守秩序等不文明行为，部分由于游客的自律意识松弛，部分由于游客的环保意识不强，部分由于游客的占有意识或故意破坏行为。在日常生活中也频频出现乱扔垃圾、随地吐痰、插队拥挤等不文明现象，成为新闻媒体曝光的焦点。每个旅游者都应该通过恰当的言行举止展示国人的素质与修养。美育除了审美教育，还包括人文素养的深层次内容，即人的综合素质。通过旅行这种更为亲和的审美方式培养人的性格乃至于礼仪风范，而非一味地批评、说教、约束，在行程中自然而然提高中小学生的文明素养；研习中华传统美德，进行文明礼貌教育，提高中华民族的思想境界和文化素质；关心学生的内在心灵的审美陶冶问题，关注“立美”过程，即将外部世界的美转化为内在的精神文明。

五、旅游劳育

（一）河北省中小学生劳动教育现状

生产劳动是人类社会赖以生存和发展的基础，是人类最基本的实践活动，是推动人类社会进步的根本力量。劳动教育是培养学生进行劳动观念和劳动技能的教育，使学生初步掌握一定的劳动技术知识和技能，树立正确的劳动观念和劳动态度，培养学生热爱劳动和劳动人民的情感，养成良好的劳动习惯。劳动锻炼学生们的生活实践能力，劳动教育是实施素质教育的重要内容。2015 年 7 月 20 日，教育部共青团中央全国少工委印发《关于加强中小学劳动教育的意见》，指出要抓好劳动教育的关键环节，落实相关课程、开展校内劳动、组织校外劳动、鼓励家务劳动，提高劳动意识，形成劳动教育合力。2016 年年底，北京师范大学发布的教育部委托课题《中国学生发展核心素养研究成果》中明确要求，学生要具有劳动意识。

劳动，近工农，是社会实践最基本的元素，是曾经的传统优势项目。劳动课是一个具有时代意义的教育名词，出现在 20 世纪 80 年代以前，农忙时节的“学农支农”，恶劣天气时学校内的大扫除，每周一次的教室卫生打扫，从小培养艰苦朴素、热爱劳动的革命光荣传统。近年来，一些地方积极探索劳动教育，但总体上劳动教育存在诸多薄弱环节和问题，对于现如今的中小学生而言，劳动教育几乎是一片空白。劳动教育在学校中被弱化，劳动机会减少、劳动观念淡薄，学校有专门的保洁人员打扫校园卫生，脏衣服可以带回家洗或花钱洗，其借口是“学习紧张，没时间洗”，学习上缺乏刻苦钻研、吃苦耐劳的精神；在家庭中被软化，不支持甚至反对孩子参加劳动，现在的孩子多为独生子女，随着生活水平的提高和物质生活的丰裕，家长认为没有必要让孩子参加劳动，一切为了孩子的学习和升学，家长甘愿承担所有的家务劳动，剥夺了孩子参加劳动的权利；在社会中被淡化，有些人鄙视劳动人民，轻视工人、农民、保洁人员、建筑工人等，缺乏对劳动人民的深厚感情，不尊重他们的劳动成果。

习近平总书记在庆祝 2015 年“五一”国际劳动节暨表彰全国劳动模范和先进工作者大会上的讲话中特别指出，“以劳动托起中国梦”。劳动教育是教育世界与生活世界、职业世界、新兴创客世界等相联通的重要环节，是素质教育的重要内容，“以劳树德、以劳增智、以劳健体、以劳溢美、以劳促创新”，是我国在长期劳动教育实践中形成的鲜明特点[115]。

2006 年，河北省教育厅出台《河北省农村中小学劳动实践场所建设评估办法》（冀教校产〔2006〕4 号），组织学生在劳动实践基地上开展劳动实践教育活动和劳动技能的培养。2011 年张家口市教育局将中小学劳动教育及综合实践活动与勤工俭学工作紧密结合，积极探索农村寄宿制中小学校学生蔬菜副食基地建设。近年来，平泉县教育局从实际出发，加快推进农村中小学劳动实践基地建设，凸显鲜明的农业特色，因地制宜建设蔬菜日光暖棚、种植园、采摘园等各类基地，把蔬菜作物的栽培作为课题，组织学生开展研究和实践，基地所产蔬菜、粮食直供学校食堂，截至 2012 年，农村规模化中小学 69. 8%以上建有劳动实践场所，年接纳学生开展活动近 10 万人次[116]。劳动实践基地的作用远不止简单的农业劳作，学校坚持施用农家肥，不打农药，进行绿色无公害生长，同时注重农业新技术、新品种推广，建成生态校园示范基地。唐山市把中小学劳动基地建设和校园绿化工作作为生活教育教学改革的基础工作，到 2014 年全市 86. 4%的中小学建立了劳动基地。

（二）旅游与劳育的关系

劳动技术是一门涉及面广，融知识性、技术性、实践性及教育性为一体的综合学科，在培育人才中发挥着重要作用。劳动教育是人生第一教育，旅游劳育即通过旅游活动完成劳动教育，养成良好的劳动习惯，是劳动教育的重要组成部分。劳动并不等同于劳动教育，要摒弃那种“单纯体力劳动”的陈旧观念。劳动教育具有实践性，“做中学”“学中做”是其常规的教学方式。劳动教育要与时俱进，不同内容的社会劳动教育，休现不同的社会功能，创新劳动教育的内容，探索劳动教育的新方式，青少年学生要走出校门，走进自然，走进社区，走进农村，走进工厂，走进政府机关。21 世纪是知识经济的时代，劳动教育要关注创意经济、互联网思维、创新思维、大数据时代、个性化定制等的发展趋势，通过旅行的方式体验简单的农业劳作、高科技工农业生产、优秀文化传承，丰富和完善劳动教育的课程体系，在旅行中深入思考劳动教育的价值。劳动教育的形式和内容要灵活多样、开放包容，劳动教育要帮助青少年学会生存、学会实践、学会合作、学会创造，适应经济社会发展的新常态。小学、初中、高中三个阶段的校外劳动教育研学要相衔接，在旅行中赋予劳动以教育意义。

（三）推行劳育+旅行的教育方式

1.丰富的劳动教育体系

劳动教育是人生的必修课，陶铸同志曾经说过："新时代的青年不读书不行，光读书不参加一定的体力劳动也不行，我们党的教育方针要求青年一方面要努力读书，一方面要参加一定的体力劳动。"

从小树立劳动光荣的观念。生活即教育，家庭是孩子成长的重要环境，劳动教育从家务活起步。针对学生的年龄特点和个性差异，孩子要适当参加家庭劳务活动，如洗碗、洗衣、擦桌子、扫地、整理房间、学着买菜做饭等力所能及的劳动，让家长成为孩子家务劳动的指导者和协助者。孩子的劳动付出，需要得到父母及时的肯定，可能衣服叠得不是很整齐、地拖得不是很干净，洗碗时不小心摔了碗、盘，包饺子时地上撒了很多面粉……面对这些"小意外"，家长应该着眼于孩子的成果多加鼓励，并给出具体的改进办法，而非一味地批评，进而代劳。

丰富学校劳动课程形式。把劳动教育渗透到学校的日常运行中，组织学生参与校园劳动，绿化美化，卫生保洁，整理图书，登记遗失物品……有条件的学校可以开设"种植园"或"责任田"，种植花卉、蔬菜、水果，由同学们负责耕种、浇水、施肥、除草等日常的管理工作；组建与劳动有关的兴趣小组、社团、俱乐部，进行手工制作、电器维修、班务整理、室内装饰等实践活动；切实开设劳动与技术教育课，在其他学科教学中也要融入劳动教育内容，地方和学校可把家政、烹饪、手工、园艺、非物质文化遗产等引进课程。

积极组织校外劳动。中小学阶段要安排一定时间，利用劳动教育实践基地、综合实践基地和其他社会资源，参观并参与工农业生产现场的生产劳动，进行商业和服务业的生产实习，结合生产的实际进行生产劳动技术知识的教学，加强城乡学生交流；城镇学校可结合实际情况组织学生参加公益劳动与志愿服务，组成志愿者小分队，走出校园，走进社区、幼儿园、敬老院等进行义务劳动；农村学校可根据当地的经济发展状况安排学生参加农、工、林、牧、渔等的生产劳动，在农忙时节组织学生帮助家长进行适当的生产劳动，掰玉米、刨花生、拾麦穗等，体验劳动的艰苦和粮食的来之不易。

2.劳动教育从校内延伸到校外

学生的劳动体验应来源于生活，结合团日活动和社会实践活动，组织城镇的中小学生到广大农村、社会实践基地体验生活，进行生活技能训练，让学生走出家庭，体验集体住宿生活，培养独立生活、自立自理的能力。组织学生参加假日农庄活动，学生们到大自然中熟悉农作物种植，学习如何使用农业生产工具，亲身体会劳动的艰辛和收获的快乐，了解传统的农耕文化。组织学生参观现代农业示范基地，了解高速发展的现代农业技术，参观工厂生产，了解面包、牛奶等生活日用品是如何生产的，了解钢铁生产、煤炭开采的高新技术、循环经济，了解超市、商场的日常运营，为青少年学生的终身健康发展奠定坚实基础。以社会生活为拓展点，通过旅行的方式学习和掌握必要的日常生活技能和适当的手工劳动、科技劳动、职业劳动、拓展劳动，学习如何种花、如何插花、如何剪纸、如何泡茶、如何美容美发、如何烹饪、如何掌握生活小窍门、如何进行小发明制作，等等，服务于日常生活，服务于未来的职业发展。

第九章　河北省中小学生研学主题设计

河北省内环京津，外环渤海，是中国重要的旅游资源大省，自然风光秀美，文物古迹众多，文化底蕴深厚，有“燕赵”之称。元、明、清三朝定都北京，河北成为拱卫京师的畿辅之地。2016 年由河北省委宣传部、省旅游发展委员会发起 “哈弗 SUV 杯——河北旅游形象主题口号及标识全球有奖征集活动”，2016 年 11 月 8 日活动揭晓，“京畿福地 乐享河北”成为河北省旅游形象主题口号。京津冀，北京居中，天津向海，河北省环绕周围，历经元、明、清三朝八百余年本为一家。京津冀协同发展的呼声由来已久，2014 年作为京津冀协同发展元年，首次上升到国家战略层面，三年来，交通一体化、生态环保、产业发展、医疗、教育等民生问题率先取得突破性进展，京津冀一体化的发展正在全速起航。

教育模式是旅游业发展较为高级的阶段，围绕“京畿福地 乐享河北”的品牌形象，以京津冀为主要客源市场，锁定在青少年群体，以青少年的素质教育为主要目标市场，以亲子教育为辅助市场，打造京津冀青少年的素质教育基地。通过青少年群体带动“家长”群体，满足市民的休闲需求，把河北省建成京津冀的旅游休闲中心和教育中心。河北“环京津贫困带”是京津的生态屏障和水源涵养地，是生态建设的重点区域，相对于沿海地区和平原地区的工业化发展推进，京津周边的河北省贫困山区更适合于旅游化的发展方式推进，坚持扶贫与生态统筹协调，释放旅游业的教育功能。

人的全面发展最根本是指人的劳动能力的全面发展，即人的体力和智力的充分发展，是马克思主义的基本原理之一，改革开放后我国把它具体化为

“德、智、体、美、劳全面发展”的教育方针。青少年成长是一个循序渐进的过程，也是其从家庭逐步过渡到社会的一个过程，而教育问题是青少年成长过程中的首要问题，对于青少年的各方面的教育工作成为促进青少年健康发展的重要因素。全面发展的出现主要是与素质教育息息相关，对素质教育和全面发展的呼唤已经遍及教育领域的各个层面，从幼儿园到中小学教师，再到大学教授。从解放初期的“德、智、体”教育方针到改革开放后的“德、智、体、美、劳全面发展”教育方针，再到十六大的“育人为本，德育为先，能力为重，全面发展”教育方针，再到 2016 年提出的“核心素养”，教育方针具体化为学生应该具备的核心素养，学生的培养日标更加清晰明确，丰富了素质教育的内涵，是提升我国教育国际竞争力的迫切需要。实施课程改革以来，经历了“满堂灌”到“满堂问”“满堂讨论”的尴尬，强调学生为主体的同时，不能忽略教师为主导的作用，我们真正需要的是自主、合作、探究的学习课堂。学生发展核心素养将通过课程设计、教学实践、教育评价三个方面进行落实，研学旅行提供了场景化的学习场地，是落实学生发展核心素养的重要途径之一，有效提升核心素养培育。在核心素养教育理念下，中小学生的自主发展和综合发展才是现代教育的追求目标。以《中国学生发展核心素养》为框架，以培养“全面发展的人”为核心，从文化基础、自主发展、社会参与三大领域、六大素养为出发点，设计河北省的研学旅行产品，根据各年龄段学生的特点，明确各学段、各学科的育人目标和任务，构建研学旅行产品体系，推荐主题线路，形成研学旅行河北省教育地图。基础教育要强调综合，去学科化，以研学旅行的方式综合各学科的教育目标，打通学科之间的界限，立足学生的终身发展和社会需要，多学科联合教学，在长期的教育中慢慢培养中小学生的良好素养。

中小学生核心素养与素质对接表

三大领域	六种核心素养	十八个基本要点	基本素质
文化基础	人文底蕴	人文积淀、人文情怀、审美情趣	美育教育为主
	科学精神	理性思维、批判质疑、勇于探究	智育教育为主

（续表）

三大领域	六种核心素养	十八个基本要点	基本素质
自主发展	学会学习	乐学善学、勤于反思、信息意识	智育教育为主
	健康生活	珍爱生命、健全人格、自我管理	劳育与体育教育为主
社会参与	责任担当	社会责任、国家认同、国际理解	德育教育为主
	实践创新	劳动意识、问题解决、技术应用	智育与劳育教育为主

人是个体性与社会性的统一，培养“全面发展的人”，首先必须承认和确立人作为独立生命个体的存在性，即自主性。人类是生活在一定社会关系中的特殊群体，人不能脱离社会独立存在，揭示出“全面发展的人”中的社会性。文化是人类改造自然界的成果，马克思从对人的本质和实践活动的理解出发，强调文化所具有的自觉性和创造性，揭示出“全面发展的人”的文化性。教育应该较少地致力于知识的传递与储存，而更加强调获得知识的方法与能力，强调态度和素养的养成。文化是个体自主发展和社会参与的必要基础，自主发展和社会参与是促进个体适应社会和自我价值实现的重要前提和根本保证。核心素养的文化性、自主性、社会性建构了中国学生发展核心素养的整体框架，坚持个人终身发展与社会发展价值的统一，用框架反映核心素养的特性，以特性来支撑框架。

一、核心素养的文化性——文化基础

文化是人存在的根和魂，文化是一个历史的发展过程，具有地域特征、民族特征和时代特征。中华五千年文明，文化源远流长，是中华民族的思想精髓，是社会政治和经济的根本。文化基础包括人文底蕴和科学精神素养，重在强调能习得人文、科学等各领域的知识和技能，把学生培养成为有宽厚文化基础、有更高精神追求的人。文化是软实力，中华传统文化是一种理性的文化，科学越是发达，文化水准则相应提高，相应地认识能力增强，越有利于中华传统文化的传播。文化是民族的血脉，是人民的精神家园，没有文化认同就没有国家认同。了解人文与科学重要思想与成就是开阔视野的前提，科学给人以力量，人文就给人以方向。科学精神与人文精神是人类文化的灵魂，科学与人文教育关注学生的综合素质和全面发展，促进科学与人文教育的融合，能将教育的过程真正变成培养人的过程。

我国从农业经济到工业经济，再到 21 世纪的服务经济，从计划经济到市场经济，国民素质在一定程度上得到提升和改善，但也暴露出一系列问题，体质上的亚健康、思想道德的滑坡、科学精神的弱化、人文精神的缺失，国民素质还没有实现全面而均衡的发展。国民素质是在实践中养成的，提高国民素质的内涵就是提高全体国民的人文底蕴和科学精神，效率最高的途径就是参照前人经验，而实现这一途径的方法就是接受教育，提升人民群众文化素养，增强文化自觉和文化自信，传承发展中华文脉。经世致用是文化科学的基本精神，力求在现实社会中实现文化的价值。

（一）人文底蕴

人文底蕴主要是指学生在学习、理解、运用人文领域知识和技能等方面所形成的基本能力、情感态度和价值取向。怀特海在论及“大学教育的目的”时说：“我们要造就的是既有文化又掌握专门知识的人才。专业知识为他们奠定起步的基础，而文化则像哲学和艺术一样将他们引向深奥高远之境。”只有承载着先进的思想和理念，才会焕发出强大的生命力，才能对人类生活产生深远的影响。受制于经济基础，现如今我国国民普遍缺少人文底蕴意识。人文底蕴，说到底其实就是人文素质，上海财经大学人文学院教授裴毅然提出：“有怎样的人文厚度，决定一个人能够达到怎样的幸福高度。”接受教育和终身自我教育是垫厚人文底蕴的唯一途径。每个国家都有引以为傲的文化，而教育工作者则应该反思传统文化教育该如何做才能使孩子们真正受益，该如何做才能内化为孩子们的自身素养。人文底蕴的熏陶需要长时间的磨砺，更需要家庭、社会和学校多方携手推进。

审美追求是旅游的基本出发点，通过研学旅行的方式，以审美教育中的人文美为主培养中小学生的人文底蕴。教育是全面提高国民素质、促进人的全面发展的根本途径，寄托着亿万家庭对美好生活的期盼。2017 年 1 月，国务院办公厅印发《关于实施中华优秀传统文化传承发展工程的意见》，深入挖掘和弘扬中华优秀传统文化蕴含的核心思想理念、中华传统美德、中华人文精神。中华优秀传统文化是中华五千年文明延续的重大支撑，把优秀传统文化融入教育过程中，贯穿国民教育始终，让学生们在教育过程中了解、继承、发展优秀传统文化。

1.传承中华优秀传统文化

中国学生发展核心素养应植根于中华优秀传统文化土壤中[117]，中华优秀传统文化蕴含着丰富的道德理念和规范，中华优秀传统文化体现着评判是非曲直的价值标准，潜移默化地影响着中国人的行为方式。传承发展中华优秀传统文化，就要大力弘扬自强不息、敬业乐群、扶危济困、见义勇为、孝老爱亲等中华传统美德。首先，把中华优秀传统文化引入中小学学校教育。把中华优秀传统文化相关内容编入中小学教材体系，修订中小学道德与法治、语文、历史等课程教材。编写中华文化幼儿读物，创作孩子们喜闻乐见的童谣、儿歌、动画、漫画等形式。学校与家长配合，在校园内和家庭内部共同开展“少年传承中华优秀传统文化”系列教育活动，在启蒙教育和基础教育阶段让孩子们明白什么是我们应该传承的中华优秀传统文化。其次，走出校园，践行中华优秀传统文化。以中华优秀传统文化为主题开展研学旅行活动，承接传统习俗，把中华优秀传统文化融入社会规范中，推动形成良好的言行举止和礼让宽容的社会风尚。在国家重大历史事件和纪念日走进爱国主义教育基地、历史纪念地等，培养爱国主义精神；走进敬老院、儿童福利院等公益慈善机构，关注老年人、孤儿的生活状况，尊老爱幼、孝老爱亲；走进贫困山区，了解留守儿童、孤寡老人的日常生活，体验生活的艰辛和不易，自强不息；到传统节日内涵丰富的乡村地区，体验春节、元宵、清明、端午、七夕、中秋、重阳等传统节日的魅力，了解传统习俗的由来和演变；在主题研学的过程中，践行文明礼仪，注意仪容仪表和仪态举止，保护公共财物、不在文物上乱刻乱画，不乱扔垃圾、不随地吐痰，文明出行，在旅行中感知中华优秀传统文化。

2.活态传承——历史文化名城、名镇、名村

故乡的青山绿水、淳朴的民风，总令人魂牵梦萦。乡愁是对于已经或正在消失的民俗风物的怀念与感伤，台湾诗人余光中的《乡愁》更道出了作者对家乡、对祖国恋恋不舍的情怀。河北省拥有 5 座历史文化名城、8 个历史文化名镇、12 个历史文化名村，蕴含了深厚的文化底蕴，挖掘和保护乡土文化资源，组织中小学生到名城、名镇、名村进行研学，了解本地历史文化村镇的传统风貌和地方民族特色；通过河北省的美丽乡村建设、特色小镇建设，发掘和保护一批处处有历史、步步有文化的小镇和村庄，让更多的人回到家乡、建设家乡，让乡愁得以寄托，也让社会更加和谐。

对于传统文化，如果一味地强调保护，就会影响传统文化的延续性。随着时代的发展，国民的消费需求日益发生变化，原汁原味的传统文化唯有创新才能融入当下的生活中去，才能适应变化了的新环境。传统文化要与当代文化相适应、与现代社会相协调，能回应时代的需求和挑战。传统文化的传承和保护应从重视“物”转移到重视“人”的“人本范式”，重视传承人的培养，重视老百姓传承氛围的培育，活态传承和利用。人民群众需要的是与时俱进的文化，需要能解决现实问题的文化，让传统文化在孕育环境中继续发扬光大，创新传统文化的现代表达形式，赋予其新的内涵，与人民生产生活深度融合，才能有长久的生命力。

依托历史文化名城、名镇、名村，联合地域上相近的主题村镇，采用“主题村落再造”的模式，以活态传承为方式，整体形成一个极富活力的生态文化博物村聚落[118]。把博物馆的静态陈列变成生态文化博物村的“活态”展示，发挥教育、文化展示等的功能，让当地百姓在“活态”展示中找到谋生之路，自愿留在原住地，自觉地传承和延续传统文化，让中小学生体验到“活”的优秀传统文化。第一，提炼精选凸显文化特色的经典性元素和标志性符号，将其融入名城、名镇、名村的建设与规划设计当中。在广场、街巷、河滨等公共空间建设中，通过文化设施、文化活动及建筑艺术、环境艺术等来表现

传统文化主题，比如设计有关传统节日、节气、生肖和饮食、医药的艺术作品，或当地非物质文化遗产项目等内容的绘画、雕刻、雕塑作品，提升传统文化品位和社会文化水平。第二，将传统文化与人民群众日常生活相关联。把传统文化与休闲生活相融合，培育成符合现代人需求的传统休闲文化，将国民礼仪教育、戏曲、书法、传统体育、中华烹饪、中华医药转化为人民群众日常生活不可或缺的组成部分。第三，用现代元素创新传统文化，让传统文化变得有“用武之地”。唐山把皮影戏道具开发成家居装饰品，也可尝试把河北省的雕刻、绘画、剪纸等民间艺术与家具、家居装饰品结合起来。一些地方戏曲等表演艺术类的传统文化，可以在题材上和内容上更贴近时代内容，如当代的中国梦主题、抗战胜利主题；运用现代的艺术创作手法，配合高科技的声光电演示系统，打造更加逼真的效果；从舞台表演形式扩展到动漫、影视剧作品创作，甚至优秀传统文化价值观的植入，推动优秀传统文化更多地融入现代人的审美和文化欣赏。从硬件建设营造氛围，到软件环境培育人民群众的活态传承意识，让优秀传统文化真正实现活起来、传下去。

3.传统技艺进校园

上海戏剧学院附属戏曲学校首创的“戏曲韵律操”尝试在上海部分学校推广，在湖北、江苏等地学校已经开始推广“戏曲广播体操”。河北省拥有227项国家级非物质文化遗产项目、91位国家级非物质文化遗产代表性传承人，民间传统技艺进课堂的基础广泛，把传统技艺引入音乐、体育、美术等课程的教学过程中，丰富校园文化生活，为优秀传统文化传承和发展创造沃土和氛围。乐亭多次开展“乐亭皮影走进小学课堂”“乐亭皮影走进大学校园”活动，就乐亭大鼓、皮影戏、地秧歌等项目与唐山艺术学校、北京舞蹈学院、河北科技师范学院艺术学院、河北科技大学艺术学院进行项目合作。结合学生们的年龄特点，选择中小学生感兴趣的、接受能力快的、具有代表性的传统技艺项目进校园，如传统体育、戏曲、表演技艺等，本地区的非物质文化遗产项目首先在本地区学校进行推广，有代表性的可以尝试省内，甚至国内推广；不对所有学生做强制性要求，组织有兴趣的学生组成兴趣活动小组，研学旅行带领兴趣活动小组走进传统技艺传承保护地，走近传承人；走进省内的博物馆、文化馆、美术馆、艺术馆等场所，探索从中小学开始建立传统技艺的保护传承机制。

河北省有着丰富的传统文化项目，如张家口、承德地区的剪纸，唐山、秦皇岛地区的皮影戏，唐山、沧州、廊坊的大鼓，石家庄、邢台、邯郸的戏曲（河北梆子、豫剧、秧歌戏等），沧州的武术，吴桥的杂技，衡水的内画，可以尝试培育成各地区的研学品牌，甚至国内的品牌。

（二）科学精神

科学精神主要是指学生在学习、理解、运用科学知识和技能等方面所形成的价值标准、思维方式和行为表现。《辞海》（1999 年版）科学定义为：运用范畴、定理、定律等思维形式反映现实世界各种现象的本质的规律的知识体系。《现代科学技术概论》将科学定义为：可以简单地说，科学是如实反映客观事物固有规律的系统知识。科学作为一项重要的认识活动，是建立在实践基础上，经过实践检验和严密逻辑论证得出的规律性知识体系。科学精神不同于具体的科学知识和具体的研究方法，它是凝结在科学知识中的思想，是探求真理的精神境界。科学精神关注知识本身的确定性，不考虑知识的实用和功利，关注真理的内在推演[119]。科学精神和科学思想是先进文化的基础。在学校教育中，科学教育从属于学校的智育教育，被分解到不同的学科教学中，缺少系统的科学教育，忽视了学生的非智力因素的激发，青少年的科学兴趣得不到早期开发与培养。辽宁师范大学物理系梁树森教授（2000）认为，长期以来，科学教育只注重科学知识的传递，而忽视了科学方法和科学精神的培养，在基础教育阶段应重点培养科学的创造精神、求实精神、造福于人类的精神。在科学教育中落实素质教育所要解决的最根本问题就是完成从只注重“物”向首先注重人的转变[120]。

科学教育是改变学习和生活的方法，培育科学精神，就是培养科学品性，包括好奇心、乐于探究的习性、开放的思维、尊重生命的态度。青少年的科学教育问题逐渐成为社会关注的焦点话题之一，在中小学教育工作者的教育改革实践中，积累了一定的经验，同时也面临很多困惑与挑战，如何真正理解科学教育的新理念并将其转化为教育实践成为关键问题所在。基于以上的背景与思考，研学旅行的设计需要考虑一系列问题，即如何选择科学主题，如何找到中小学生的兴趣点，如何培养中小学生的发散思维，如何引导中小学生深入进行科学探索，等等。研学旅行，构建开放的学习环境，多元化的教学模式，激发学生对科学知识的浓厚兴趣，培养其创新的科学精神，普及科学知识，弘扬科学精神。

1.博物学精神

科学的精神本质上就是自由的精神，没有自由的理念，就不可能出现科学的精神[121]。亚里士多德《形而上学》开篇第一句，“求知是所有人的本性”，把“知”的问题摆在了最为突出的地位[122]。刘华杰、吴国盛等知名学者在北京大学开设“博物学导论”“博物学文化”等公共课程，倡导博物学教育，颇受学生欢迎。博物学教育是要回归自然，让学生了解自然，热爱与理解生命及其多样性，培养一种现代的科学与人文精神。现代文明让人类远离自然，而通过研学旅行开展的博物学教育让我们回归自然，从自然中汲取智慧和理论，让中小学生认清人类在自然中的位置，领悟人的有限性。博物学关于现实生活中具体物质世界的综合实用知识，本身就具有很强的实践色彩，深入大自然中进行考察得出博物学研究成果，是在实践中的动态思维和发散思维[123]。

行万里路其实就是做博物学实践，研学旅行带领中小学生去体验社会，探索自然。“自然笔记”是2009年几个年轻人创建的一个博物小组，宗旨是：秉承博物精神，开创科学新风，原则是知行合一，用绘画和简单说明文字相结合的方式为大自然作笔记，立足于北京，目前在上海、海南、济南、太原等地都有分支。采用自然笔记博物小组的方式，在中小学生中开展博物研学，以自然和社会现象为研学对象，用脚步、文笔、照片、绘画、声音、视频等各种方式发现、记录亲身经历的大自然，记录自然万物以及人类的相关行为，感受自然的色彩、声音、香气、味道、质感、温度，了解人类与自然的相处之道，提醒人类倾听自然、反观自身，为人类亲近自然、保护自然作笔记。自然科学以整个有机自然界为研究对象，揭示自然界发生的现象和过程的实质，根本目的在于发现自然现象背后的规律，通常是客观的；社会科学则是以人类社会的种种现象为研究对象，是科学化地研究人类社会现象的科学，往往存在不同的观点和立场。在现代科学的发展进程中，社会科学与自然科学相互渗透、相互联系的趋势日益加强。第一，自然科学探索。中小学生通过研学旅行，走进河北省的森林、草原、海洋，走向丰富的动植物世界，发现、搜集、研究自然现象，培养对自然事物亲知亲历的精神。首先从探索周边的自然资源开始，如秦皇岛、唐山的滨海资源，燕山、太行山地区的山地资源，再到全省自然资源的研学，最后再到全国，甚至国外的研学。第二，社会科学体验。中小学生通过研学旅行，走进城市发展的快节奏，走进乡村田园生活的慢节奏；走进社区居民的日常生活，了解乡村的风土人情；走进工矿企业的一线生产基地，了解地区的经济发展。如秦皇岛的中小学生了解当地旅游业的发展，唐山的中小学生了解当地工业的发展，张家口、承德的中小学生了解当地生态产业的发展。中小学生走出校园，体验社会，探索自然，以旅行的方式对中小学生的思维方式产生影响，提高中小学生的自主创新能力。

求实即寻求对事物规律性的认识，在基础教育的幼儿和小学教育阶段重点培养求实精神，结合教材中的实测、实验、实践，重视实践检验、重视知识获得的过程，引导学生深入事物的本质。以研学旅行的方式在中小学生群体中开展博物学教育，按年龄从小到大依次开展自然与社会主题的体验、观察和探究，参与的学生数量则可按此顺序递减，也就是从培养博物学精神转变到培养专业科学精神的过程；博物学教育关键不在于得出什么结果，而重在参与的过程，不在于掌握多少具体知识，而是注重聆听、欣赏、理解社会现象，理解的途径是开放的，理解的方式也是多种多样的[124]。

2.专业科学精神

科学精神首先表现为创造精神，在科学教育过程中，鼓励学生不断质疑，提出与众不同的见解，重点培养学生创造性思维、独立性思维、批判性思维的主动性和自觉性，结合教学内容引发中小学生探索自然奥秘的好奇心，激发中小学生对科学探索活动的浓厚兴趣。科学同时具有正反双向的效应，科学精神必须强调造福于人类的精神。注意引导中小学生把科学的应用与道德伦理等因素结合起来思考问题，重视人文精神的科学教育将全面实现传递文化的功能。在基础教育的中学阶段重点培养中学生的创造精神和造福于人类的精神。

为了培养中小学生的科学素养，开展科学兴趣小组活动，按学生年龄大小，研究内容从易到难、由浅入深、逐步推进，让学生体会到科学的博大精深，逐步挖掘学生们的科学探究能力。兴趣是学习最好的老师，以科学兴趣小组为单位组织中小学生开展专业科学精神的培养，科学兴趣小组采取自愿报名的方式，注重兴趣的培养和能力的提高，激发更多学生学习科学的兴趣。主要分为自然科学研学和社会科学研学，自然科学研学主要包括数学、物理学、化学和生物学领域，主要涉及相应学科的实验及实践活动，如到河北省的科研院所、科技馆与工矿企业进行现代科技研学；社会科学主要包括经济学、政治学、社会学、法学和心理学等领域，主要涉及中小学的语文、历史、地理、政治等课程，如到河北省的各类博物馆和历史文化遗址进行历史研学。对于自然科学和社会科学，在小学阶段主要是通过现象观察引发小学生的好奇心，引发他们的参与兴趣，在中学阶段则要结合本地区实际情况，引发实际思考。自然科学研学，比如小学生主要观察动植物四季的生长和更替，中学生则要能在全国，甚至全球范围内进行物种比较；社会科学研学，比如旅游城市秦皇岛，小学生能够观察到秦皇岛的游客数量多少和组成，而中学生则能根据自己的旅行经验反思秦皇岛旅游业的发展问题。对于丰富课余生活的文体类活动项目，比如舞蹈、音乐、美术、篮球、足球等，在小学阶段主要引发参与兴趣，而在中学阶段则要考虑传统文体技艺的传承和发展。科学兴趣小组活动，一方面丰富学生们的课外活动，另一方面为学生们搭建展示才能的舞台，最主要的是为学生们在专业研究方面提供学习的机会。

二、核心素养的自主性——自主发展

人是独立存在的，自主性是人作为主体的根本属性。自主发展包括学会学习和健康生活素养，重在强调能有效管理自己的学习和生活，充分尊重个体性，让个体能够自由地认识和发现自我价值，发掘自身潜力，把学生培育成为有明确人生方向、有生活品质的人。自主发展不是放任自流，健康生活，学会学习，教会学生有效的自我管理，善于认识和发现自我，具有个体与自身和谐相处的能力，便可终身吸收新的知识，成为一个全面发展的人。

美国作家阿莱西亚·德万迪尔一直致力于家庭儿童教育的相互关系研究，他的著作《每个孩子都应该做的 101 件事》，从“成长篇——让孩子终生受益的 32 件事”到“探索篇——让孩子感受自然与科学奥秘的 34 件事”再到“欢乐篇——让孩子像个孩子的 35 件事”共 101 件每个孩子都应该做的事，童年应该是一只贪玩又自由的风筝，让孩子在成长的过程中体验到童趣、童真，自由快乐地成长。

（一）学会学习

学会学习主要是指学生在学习意识形成、学习方式方法选择、学习进程评估调控等方面的综合表现。《中国大百科全书（简明）》认为，学习是获取知识和掌握技能的过程。学习，不仅仅是对知识点的学习，也不仅仅是强调考试成绩，而是将课堂教材与学生的素养联系在一起，改变过去“以知识为中心、教材为本位”的教学格局。2014 年 10 月，在第四届基础教育改革与发展论坛上，国家督学成尚荣强调，新的基础教育改革从来不否定知识，而是以知识为中介进而超越知识，最终让学生们走向能力，走向核心素养。

21 世纪是知识经济时代，是信息化社会，知识和信息爆炸式增长，且像产品一样频繁更新换代，获取知识和信息的途径多样快捷，低速率的传统教育体制与教学模式难以适应现代信息社会的教育需求。知识和信息社会中，学生在学校不仅要学会必备的知识和技能，还要懂得如何学习，还要培养自学能力；面对海量信息，要培养中小学生的认知能力和批判精神，区分有用信息与无用信息，学习新知识；知识社会也使人民大众进入“万众创新”的新时代，推动创新的民主化进程。目前，我国的青少年普遍缺乏学习的兴趣，为了完成老师的任务，为了父母而学，多处于一种被教育、被学习的状态。兴趣是学习最好的老师，激发学生的好奇心，鼓励学生大胆地思考，勇敢地提问。通过研学旅行的方式走出校园，在开放的自然、社会环境中，通过互动体验的方式培养学生的思维意识和独立思考的能力，结合学校教育中的智育教育手段，培养中小学生终身学习的能力。

1.探索自然奥秘

自然界以其永恒的神秘魅力吸引着人们的好奇心，人类也从来没有停止过探索自然的脚步。每个孩子天生就是个探索家，千变万化的自然界是青少年认识世界的第一本教科书。自然界蕴含着日月星辰、春夏秋冬，青少年通过多种感官感知大千世界，零距离地接触真实的花草树木、鸟兽虫鱼、雾霭风霜。在轻松获取自然科学知识的同时，引导中小学生对自然界的事物产生兴趣，得到更广阔的科学视野、想象空间和愉快体验。教师可以组织学生踏青、郊游，去公园、植物园、动物园，甚至到草原、森林、海洋；乡村教师可以组织学生到田间地头，走进农业生产活动现场，在真实的自然环境中潜移默化地达到教育的目的。配合自然主题的研学旅行，定期安排延伸活动，如阅读书籍、观看影片、邀请科学家举行讲座或座谈会等，丰富和拓展学生的体验和知识。

动植物是生态系统的重要组成部分，造就了多姿多彩的大自然。同时对人类的生存和发展起着重要的作用，尤其是野生动植物，具有经济、科学、生态、文化及美学等方面的价值。原始生命出现后，随着生存环境的变化，千百万种物种不断地出现、消亡，生物物种不断演化，呈现出一种进步性发展的趋势。从发现家庭、社区和校园里的动植物出发，对自然界的动物和植物进行主题研学，领略大自然的丰富多彩。第一，植物主题研学。从认识身边的植物开始，再到亲自动手种植，利用家庭环境的便利条件记录植物的生长，比如最简单的蒜苗、吃剩的水果籽等植物物种的种植、浇水、施肥，再到大自然中寻找认识更多的植物物种，观察植物的根、茎、叶、花和果等组成部分，每月对树、灌木丛和花草进行观察，了解植物一年四季的更替，在整个青少年时期，甚至更长的时间里了解植物物种的演化。到农业区，欣赏田园风光，参与农作物的播种、浇水、施肥、除草、收割，体验农民的辛苦劳作，感受农业生产的壮丽场景。第二，动物主题研学。从认识身边的动物开始，再到参与喂养，利用家庭饲养和动物园等身边资源认识动物，尝试为社区的流浪猫、流浪狗组建一个家，再到大自然认识更多的小动物，设置“谁住在里面？”的课程，教会孩子区别宠物和野生动物，认识本区域的动物。近距离观察动物，关注动物的身体部位，如鸟类的爪子与四条腿的动物的爪子有何不同，鸟类的翅膀如何飞行，动物的牙齿有何区别；关注动物的行为，如何行走、觅食、哺育下一代等行为；关注动物的生命周期，寻找生命周期里的与众不同，寻找最长寿的动物和存活时间最短的动物。到牧、渔区可以体验放牧、捕鱼的劳作，感受草原的广阔和大海的深远。

可以按四季进行动植物的主题研学，组织“我和四季有个约会”主题活动，感受季节变换，花开花落，动物繁衍，电闪雷鸣，启发想象力，陶冶情操。在主题研学的过程中渗透生命教育，比如小孩子的折花行为，把大自然的小动物进行圈养等行为，针对此类现象进行生命教育。将探索自然运用到社会领域，理解所在区域的社会风俗习惯和行为规范；运用到艺术领域，聆听大自然的声音，感受大自然的色彩。

2.感受民俗文化

民俗文化源于民众生活，承载着广博的历史文化信息，是中华民族优秀传统文化的重要组成部分，是农耕社会留给子孙的宝贵财富。经过数千年的文化积累，河北人民的勤劳智慧创造了丰富的物质文化遗产和非物质文化遗产，体现出了独具特色的燕赵遗风、京畿神韵、太行风骨，充分彰显了河北文化的厚重与精彩。为加强文化遗产保护工作，从2006年起，国家把每年六月的第二个星期六定为中国的“文化遗产日”。从2008年起，每年的“文化遗产日”在省内各地举办河北省民俗文化节，传播和弘扬河北优秀传统文化，目前已成功举办9届。河北省的民俗文化主要包括传统建筑、传统戏剧、传统民俗、传统曲艺、传统美食等内容，抓好传统文化教育成果的展示与体验，中小学生可以通过以下三种方式进行民俗文化研学：第一，民俗旅游景点。河北省拥有河北民俗博物馆及众多地方民俗博物馆，还有吴桥杂技大世界、顺平县腰山王氏庄园等国内知名的民俗旅游景点，成为中小学生研学的绝佳场所。第二，民俗节庆。春节期间，河北省旅游部门结合地方民俗，部分市县策划了系列丰富多彩的旅游产品和特色节庆活动。如吴桥杂技大世界的春节民俗旅游庙会、滦州古城过大年、正定县春节大庙会等，其中蔚县被网友称为“中国十大最具年味的地方”之一，民俗活动丰富多彩。从2011年开始，蔚县已连续7年举办民俗文化旅游节，精心打造“中国北方年节文化之都”“中国春节民俗名片”品牌，全方位展示蔚县深厚的民俗文化底蕴和独特魅力。第三，民俗古村落。古城镇、古村落是民俗传统文化赖以生存、延续、发展的重要文化空间。河北省拥有蔚县暖泉古镇、怀来县鸡鸣驿村、磁县花驼村、邢台县英谈村、沙河市王硇村、井陉县于家村、井陉县地都村、平山县黄安村、迁安教场沟村、抚宁县界岭口村等一大批国家级传统村镇共 145个，明清时期的古建筑群落保存完好，还保留有多项各类非物质文化遗产，把国家级、省级的传统古村落变身民俗村，发展古村落特色旅游，传承传统文化。

3.打造区域研学品牌

青少年可以由学校组织，或由家庭组织，利用身边的资源，就近到山川、河流、海洋、草地、农田进行自然和文化探秘。根据河北省的地貌类型，境内可以形成四大区域品牌：山区景观带、草原景观带、田园景观带、海洋景观带。太行山、燕山是河北省西部和北部的重要山脉，也是华北地区的重要山脉，利用太行山、燕山的山地、丘陵和盆地地貌类型开展山区景观研学；河北省西北部的坝上高原是农耕文化和畜牧文化的交融地，主要开展草原景观研学；河北省东部平原是华北平原的重要组成部分，是以旱作为主的农业区，主要开展田园景观研学；地球上最初的生命在海洋孕育，河北省东部的唐山、秦皇岛、沧州等部分地区濒临渤海湾，利用海水、沙滩及海洋鱼类开展海洋景观研学。

在四大景观带范围内，按照年龄分层递进的原则设置课程和实践活动，从自然历史到兼具自然、文化历史，再到初级实地研究课程，由浅入深地展开针对性研学。自然历史研学，从认识动植物、地貌类型及其成因开始，逐渐让学生参与探索区域内动植物的共生关系，以及与环境的和谐共处。文化历史研学，让学生寻找当地居民的生活实物，思考劳动者在本区域的生存问题。对初高中学生，还要提供研究机会，让学生参与本区域动植物、文化遗产的研究与保护，对本区域目前面临的主要问题展开研学，如河北省的雾霾治理问题、京津冀协同发展背景下承接京津的产业转移等问题。

（二）健康生活

健康生活主要是指学生在认识自我、发展身心、规划人生等方面的综合表现。现在的孩子多为独生子女，缺乏生活自理能力，自我管理能力较差，不能体谅父母的辛苦，不懂得与其他小朋友合作，没有形成良好的行为习惯。学会生存是一种能力，自食其力是一种生存态度。作为一个独立存在的个体，首先要掌握生存的基本技能，学会判断和选择正确的生存方式，树立人与自然、社会和谐发展的正确生存观。树立以人为本的教育理念，把学生看作具体的、能动的人，重视个体的成长、自主、良好的友谊和社会服务，尊重他们的人格和生命，不断努力追求内源性目标，以积极的目光看待他们、赏识他们。

健康是人全面发展的基础，中国健康教育中心主任李长宁说“每个人是自己健康的第一责任人”，健康的生活方式能够维护和促进自身健康。2008年，我国在卫生工作中引进健康素养的概念，启动了中国公民健康素养促进行动，开展了一系列公民健康素养促进行动，全国居民健康素养水平从2008年的6.48%上升至2015年的10.25%[125]。2014年4月15日国家卫生计生委印发《全民健康素养促进行动规划（2014—2020年）》，建立健康素养促进工作的长效机制，公民健康素养包括基本知识和理念、健康生活方式与行为、基本技能三方面内容。学生健康成长是学校工作的出发点和落脚点，健康素养的培养必须从青少年抓起，从基础教育开始，提高全民健康素养，建立起贯穿整个生命周期的健康教育科普体系。目前，国家卫生计生委与教育部合作，将健康素养纳入小学、中学和大学的关键课程。传统的健康观是“无病即健康”，现代人的健康观是整体健康，世界卫生组织（WHO）宪章的定义，健康不仅仅是没有疾病或虚弱，而且是身体、心理和社会适应的完好状态。调节身心、社会交往是旅游的基本动机，通过研学旅行的方式，结合学校的德育教育、劳动教育、心理教育为中小学生创造良好的生活环境。

1.身体健康

青少年是祖国的未来，少年强则国家强，青年兴则民族盛。青壮年出现“未老先衰”的现象，亚健康状况普遍存在，当下青少年体质下降的问题成为人们关注的焦点。青少年的成长面临着更多的诱惑与挑战，繁重的课业、应试教育下的升学竞争压力、网络游戏的诱惑等，导致青少年体质健康状况更加恶化，超重和肥胖现象、近视眼等患病率居高不下，耐力、力量、速度等体能指标有明显下降趋势。增强青少年体育健身意识，培养健身习惯，提高青少年体质迫在眉睫。

身体健康表现为体格健壮，人体各器官功能良好。2007年国家启动“阳光体育”运动，提高学生的体质健康水平，近年来学校大力推进健康教育，丰富中小学生校内校外文化体育活动，培养良好的体育锻炼习惯。借助学校的体育教育强身健体，研学旅行则是“阳光体育”活动的校外创新形式，只要出行就是对体能的锻炼，旅行的过程中处处体现着社会体育功能，徒步、登山、游泳、滑雪、农业劳动等活动形式都可以达到强健体魄的目的，丰富了中小学生校内单一的体育运动形式；结合杂技、太极拳、武术等河北省民族体育运动项目，滑雪等新兴体育运动项目进校园活动，组织中小学生到发源地进行现场研学。健康与外部环境有关，与生活习惯有关，家庭要为孩子形成健康的生活方式创造机会，要培养孩子自主安排学习、生活、锻炼，保证睡眠时间，合理膳食，锻炼身体。当前青少年多为独生子女，家长对独生子女过分溺爱，导致孩子对家长的依赖性比较强，多数家长剥夺了孩子在家劳动的权利，剥夺了孩子做决定的权利，剥夺了孩子自主安排的权利，通过研学旅行这种方式，把家长从孩子的自主行为中剥离出去，让孩子在旅行的过程中，培养审美情趣，同时达到强身健体的效果。

2.心理健康

有专家预测，21 世纪心理疾病将严重危及青少年的身心健康。青少年正值青春期，紧张繁重的学业，生理上、心理上的急剧变化，再加之社会经济的飞速发展带来的不良社会风气、文化的负面影响，使青少年的精神世界走上不健康的轨道。青少年时期是容易滋生心理异常的非常时期，如果这种心理异常没有引起注意，没有得到引导、解决，将对孩子的人生发展产生不利影响，难以触摸的心理健康有时比身体健康更需要关注与呵护。当今青少年主要存在学习方面、人际交往方面、“自我”方面的心理问题，如厌学、注意力不集中、考试焦虑症等学习方面问题；与父母的关系、与师长的关系、与同学的关系，以及对待异性的关系等人际交往问题；对自我的不正确评价，过高评价则骄傲自满，过低评价则产生自卑心理，遇到挫折或竞争时容易产生心理失衡，中小学生普遍存在缺乏自制力、意志较薄弱等“自我”方面的心理问题。心理健康指能正确评价自己，应对、处理生活中的压力，能正常工作，对社会做出自己的贡献。

通过研学旅行的方式，组织中小学生集体外出研学，由学校的心理专业教师随行。首先，研学旅行不受课堂的时间、场所限制，打破了学科的界限，在轻松的自然环境中，在愉快的旅行中，可以发现孩子们在人际交往方面和“自我”评价方面是否存在心理障碍，同时也可以发现孩子们的兴趣爱好。其次，可以组织存在心理障碍的学生开展心理旅行，相对于学校规范性的心理健康教育，研学旅行具有突出的灵活性和多样性，开放的自然环境，丰富的活动体验，可以发现产生心理障碍的根源，寻找解决的方式方法，心理专业教师通过参与学生的行程和活动，用更具情感化、生活化的方式自然而然地进行心理辅导。比如，对于炫富、攀比的学生，组织他们到贫困的偏远山区体验生活、参加公益活动，在行程中找到学生自身的亮点鼓励存在自卑心理的学生，让不爱交往的学生在团队活动中找到存在感，不失时机地引导学生，帮他们渡过难关。最后，对于存在心理障碍的学生要建立心理健康档案，采用校内的心理咨询室与校外心理旅行的方式相结合，开展切实有效的心理健康教育。省内各地市可以根据自身资源条件，开发专门的心理旅行产品或路线，把心理辅导的内容自然融入旅行中，帮助青少年化解各种成长烦恼和危机，塑造健康、和谐的心理品质。

3.社会适应的完好状态

人的发展包括机体的自然成长和社会适应，培养青少年的社会适应能力，有利于形成和完善个性、培养和维持健康的心理、继承和发展社会文明[126]。社会适应是主体对环境变化所做出的一种反应，是一个重建平衡的动态过程[127]。社会适应的完好状态，是指通过自我调节保持个人与环境、社会及在人际交往中的均衡与协调。社会性是人的本质属性，生活在社会中的每个青少年，都会遇到一些矛盾和冲突，只有认知社会、了解社会，最终才能适应社会。对于我国的广大青少年，往往缺乏的是应对的态度和方法，如何有效地解决矛盾和冲突，需要学会应对的技巧和方法。开设丰富多彩的班级课外活动，研学旅行是校外活动的创新形式，在开放的教学环境中，帮助学生认识问题存在的客观性，训练解决问题的能力，培养应对的技巧，讨论、协商、尝试，引导学生主动适应环境。学生精神生活的需求是多种多样的，在校外活动过程中培养学生的社会适应意识，善待生物、善待自然，学会处理人与人之间的关系。

中国科学院的时堪教授认为，培养青少年良好的社会适应能力，关键是青少年学生的自我培养，青少年应积极培养现实知觉、自我认知、独立生活、应对压力等八个方面能力的自我培养[126]。青少年社会适应能力在独立性方面有所欠缺表现得尤为突出，通过研学旅行进行青少年独立生活能力的自我培养。组织中小学生到户外进行为期数天的野外生存训练，脱离父母的提醒和照顾，让孩子们自主安排旅行中的各项事务，锻炼如何面对困难，如何避免危险，如何处理突发状况，如何为受伤的伙伴进行包扎、急救，如何向当地百姓寻求帮助，如何寻找食物，如何寻找水源，锻炼学生的自主生存能力。有时学生的问题在于他内心的一些想法，包括观念的养成、人格的塑造等方面，可以推荐学生看一些有教育意义的书籍、视频，参加一些公益活动，进行真实的户外体验，多方位、潜移默化地影响学生做出改变。

三、核心素养的社会性——社会参与

马克思在《关于费尔巴哈的提纲》中指出，“人的本质并不是单个人所固有的抽象物。在其现实性上，它是一切社会关系的总和”，社会性是人的本质最重要的方面。社会参与包括责任担当和实践创新，重在强调能处理好自我与社会的关系，提升创新精神和实践能力，把学生培养成为有理想信念、敢于担当的人。实践创新，责任担当，自由地和批判地思考，在创造过程中促进社会发展，热爱世界。现如今中小学生多为独生子女，自我中心意识很强烈，要学会自己的事情自己干，培养良好的学习、生活习惯，增强自我管理的能力；而作为社会中的一员，就要学会尊重他人、与人沟通交流，学会共处；了解社会，适应社会，培养良好的社会情绪；习惯转变为信念，能力转变为创造力，完善自我，成就自我，甚至促进社会的文明和进步。

（一）责任担当

责任担当主要是指学生在处理与社会、国家、国际等关系方面所形成的情感态度、价值取向和行为方式。青少年时期，不仅要学习知识，更应该加强责任感的教育。社会责任感作为一种道德情感，是一个人对国家、集体以及他人所承担的道德责任，需要一定时间的积淀。大力开展校园文化活动，加强社会实践活动，拓宽社会责任感教育的途径。研学旅行，要结合学校的德育教育，让青少年学生走出校园，深入社会，利用社会大课堂培养社会责任感，通过社会实践磨炼意志，真正建立社会责任感。

1.进行爱国主义教育，培养新时代精神

国家认同是国民对自身国家特性以及在国际体系中的地位和角色的自我认知，是国内维度与国际维度的统一，而在全球化时代，国家认同的国际维度则显得更加重要[128]。利用河北省内众多的燕赵文化古遗存、红色革命遗址、各朝代长城遗址遗迹，从根脉文化、革命文化和合文化三个角度强化国家认同与中华民族的凝聚。认知与认同，要靠长期的文化教育进行熏陶，增加文化共性，增进国家共识，文化教育要走在前面。

第一，诚义燕赵：根脉文化

燕赵区域以燕山、太行山、渤海、黄河为四面分界，主体为次生黄土的平原地带，有狭义和广义之分。京津冀地区古时为幽燕、燕赵，北京、天津与河北省三地地域一体，文化一脉，可谓你中有我、我中有你。古老的燕赵大地孕育了灿烂的燕赵文化，燕赵文化是燕文化与赵文化的合称，来源不同、特征不同，但又大体接近而趋同。本书所指燕赵文化，是指对传统燕赵文化继承和有所发展之后的河北传统文化，燕赵文化也逐渐成为河北地域文化的代名词。从泥河湾旧石器文化到磁山文化，从以“慷慨悲歌”为稳定标志的传统燕赵文化到以西柏坡精神为灵魂的革命燕赵文化，从唐山抗震救灾到抗击非典中表现出的敢于奉献的现代燕赵文化，不断丰富着河北燕赵文化的内涵[129]。燕赵文化是在燕赵大地的历史传承中自然形成的，必然会体现于燕赵人民的历史与社会的生产、生活实践之中，滋养与熏陶出众多历史人物，迸发出多彩的文学、艺术以及建筑、技术作品。

河北省境内有众多的燕赵文化古遗存，如邯郸丛台赵王城、易县燕下都、灵寿古中山国遗址、涿州三义宫、定州汉中山国都、邺城三国南北朝遗址、永年广府古城、正定古城等，拥有赵武灵王“胡服骑射”、蔺相如“完璧归赵”、廉颇“负荆请罪”、燕昭王“卑身厚币”、燕太子丹遣士图秦的“荆轲刺秦”等众多历史典故，寻找历史典故的踪迹，体验“燕赵风骨”的燕赵文化精神，为现代精神文明建设提供丰富的资源借鉴。东汉末年以张角为首的“黄巾起义”，清代的义和团运动，抗日战争时期的白洋淀抗日武装“雁翎队”，冀东南的“敌后武工队”，以及冀西山区的“地雷战”、冀中平原等地的“地道战”等，无不表现出慷慨悲歌、勇武豪壮的燕赵风骨，不断刷新着燕赵文化的现代内涵，成为现代精神文明建设的重要内容。尤其是抗日战争时期的活动遗址多被开发为景区景点，以旅行为载体传承燕赵文化的诚义精神。凝聚燕赵文化精神的历史人物更是数不胜数，他们是燕赵文脉的承载者，名将廉颇、名相蔺相如、谏臣魏征、文儒张之洞、马克思主义者李大钊，流传民间的刘关张桃园三结义、赵子龙忠心事主、杨家将舍命抗辽等凝结出的忠诚、大义等精神，都构成了今天河北人性格特征中的核心文化元素。燕、赵、中山古国已成为历史印迹，但孕育、塑造的人文品格已成为世代燕赵大地的文化底色和文化血脉[130]，打造“诚义燕赵”的文化品牌，连接省内的古城、古都等燕赵文化遗址，展示河北的深厚历史、悠久文化。当地中小学生通过研学燕赵文化遗存和遗址，学习历史人物的精神和事迹，不断丰富燕赵文化的底蕴，赋予它新的文化内涵，发展为新的当代精神。

第二，红色太行：革命文化

全国红色旅游工作协调小组办公室委托零点研究咨询集团开展了 2013 年度红色旅游景区游客抽样调查，调查结果显示，六成游客年龄在 35 岁以下，红色旅游逐渐受到年轻人的青睐。感受特色、寻求精神的洗礼与教育成为年轻游客游览红色景区的主要动机，通过寓教于游的形式学习革命精神，接受革命传统教育，不断凸显教育功能。将意识形态功能与国情教育、历史教育、社会道德建设、区域持续发展等结合起来，进一步全面解读红色旅游的功能定位，重构解说系统，以现代性、时尚性、趣味性等方式向青少年学生传播主流价值观。

河北省是革命老区，具有丰富的革命历史文化资源，22 家红色旅游景区被列入全国百家红色旅游经典景区名录，4 条线路被列为全国精品旅游线路，拥有保定、石家庄、唐山、邯郸、邢台、沧州、承德等重点红色旅游城市，形成了较为完整的红色旅游资源体系。目前有京南红色之旅：保定—石家庄—邢台—邯郸；京东南红色之旅：廊坊胜芳古镇—衡水安平—沧州献县；京北红色之旅：承德—隆化，张家口—赤城—张北；京东红色之旅：唐山乐亭—秦皇岛等四条精品线路。广大人民群众通过讲座、论坛、书画展、网络等形式，发自内心地呼唤红色精神的回归，通过观看、阅读、欣赏“红色经典”，敬仰、学习、争做红色人物，引领生活主流和社会时尚。深入挖掘红色旅游资源地的文化内涵和历史文化价值，结合身边的红色旅游资源开发研学旅行，让青少年学生走进革命圣地，走近百姓生活，接触现代化建设场地，拓宽红色文化视野，深化红色文化内涵，赋予其新的时代内涵和时代特征，激发爱国情怀。

以红色人物故事为对象，以自然山水为背景开展红色文化研学。故事性是相对说教性而言，反映出对历史吸引物的取舍观。深入发掘红色旅游中的历史人物故事，抗日英雄、拥军模范，现代化建设人物、道德模范，以小见大，以人说史，既要反映领袖、英雄等“大人物”在历史中的重要作用，更要通过“小人物”的故事，揭示人民群众创造历史的真谛。各地根据身边的鲜活形象，如河北农业大学李保国教授的太行山治理事迹，课本上的形象如张嘎、雨来、王二小、海娃等抗日小英雄等，让中小学生在寻访英雄足迹的过程中达到自我启发的效果，使历史更加鲜活和丰满。

任何教育不能脱离时代背景，不能脱离受教育者的实际[131]，以参与性项目为依托开展红色文化研学。红色旅游本身就是一种实践活动，“看电影、唱红歌、听报告”这些浅层面的爱国主义教育收效甚微，学生普遍感觉很枯燥。长期以来，爱国主义教育基地一直给人刻板、枯燥的印象，一些场馆常年上演“老三样”——瞻仰英烈、听述历史、敬献花圈，走马观花逛一圈、似懂非懂听一遍，活动老旧、形式过时，教育实效事倍功半[132]。要用发展的眼光看待爱国主义教育，与时俱进，用更加新颖、贴近学生实际情况的素材进行教育。爱国主义教育基地要根据自身特色形成突出的教育主题，积极创新载体和形式，拓展途径和渠道，使爱国主义教育面貌焕然一新。开展主题活动、推进免费开放成为提升基地说服力和吸引力的重要途径。基地场馆对青少年群体按照年龄进行细分（学龄前儿童、小学阶段、中学阶段），根据不同年龄段的心理特点，针对性地设计社会教育活动[133]。借鉴孩子热衷的游戏，如桌游卡牌、保卫者联盟，创新爱国主义教育的形式和内容。

第三，壮美长城：和合文化

万里长城是为了抵御塞北游牧民族侵袭而修筑的规模浩大的军事工程，自战国至明朝各朝代都有修建，它凝聚着我国古代人民的坚强毅力和高度智慧，体现了我国古代工程技术的非凡成就。中国历代长城分布于北京、天津、河北、山西、内蒙古、陕西、甘肃、宁夏八个省、市、自治区，从渤海之滨到太行、燕山，从黄土高原到辽阔草原，从塞上江南到大漠雪山，长城沿线山川险峻，集大美风光于周身，堪称“北纬40°最美自然风光带”。长城建筑始于两千多年前的春秋战国时代，倚山势而建，扼守燕山和太行山北支各个交通要道，现存的长城遗迹主要为建于14世纪的明长城。长城横穿河北省全境，各朝代长城在境内都有遗迹可寻，河北省是长城的故乡。拥有山海关老龙头、角山长城、青山关长城、喜峰口抗战长城、金山岭长城、宣化古城、鸡鸣驿城、大境门、紫荆关长城、张家口堡、白羊峪长城、野狐岭口等众多被保护和已开发的知名景区景点；已形成京东金三角世遗之旅：唐山、承德、秦皇岛，北太行精品旅游线路：保定、张家口等经典线路。国家文物局公布的数据显示，即使距今年代最近的明长城，也只有8％的墙体保存完好，超过七成保存状况较差。2011年河北省长城资源调查显示，在河北省境内，仅就长城墙体保护状况来说，80%以上为“较差”“差”，甚至“消失”，敌台、烽火台等单体建筑近70%出现坍塌甚至彻底消失，一些荒居野外的古长城生存状况堪忧。

至清代，长城的军事防御功能逐渐淡化，更加体现精神之美和文化之美，形成遗迹与建筑、历史、教育、文化、艺术相融合的旅游综合体，历史文化底蕴更加凸显。深入挖掘长城文化内涵和特殊的历史文化价值，开发研学旅行，让孩子们深入大山，寻找长城的踪迹，弘扬长城精神。以长城遗迹或遗

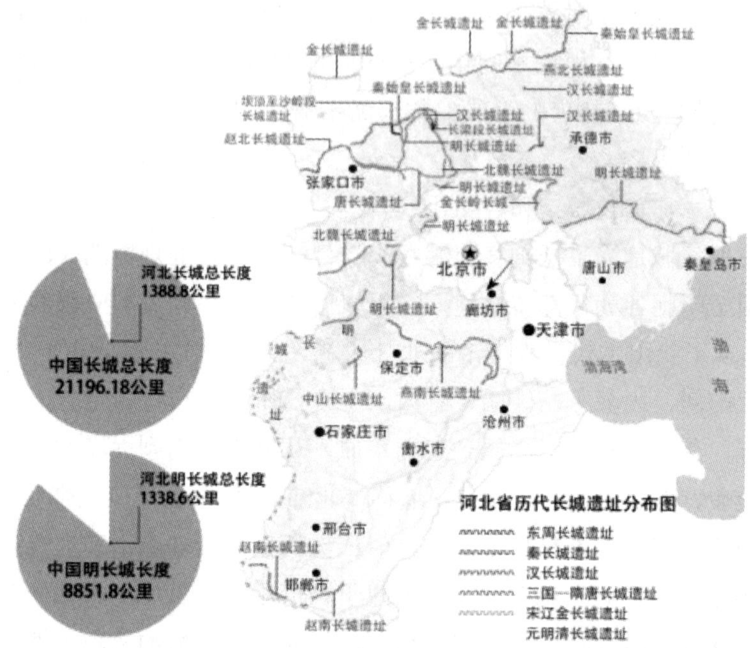

河北省历代长城遗址分布图

注：图片选自“张依晨.长城把最美一段留给了河北[J].中国国家地理，2015（2）”。

址作为研学对象，进行建筑、历史、文化、艺术、社会发展等方面的综合研学；以长城保护作为对象展开研学，作为社会力量参与长城的保护，参与长城的日常维护，使长城沿线的每一位居民和游客既是长城文化的享有者，也是长城的保护者；以长城沿线重点村落为核心，带动形成休闲农业旅游村聚落，开发农耕体验、传统文化研习、野外生存、素质拓展、生活家政锻炼等研学项目。

2.关注产业发展，爱我家乡

苏联著名教育家加里宁曾说过：“爱国主义教育是从深入认识自己的家乡开始的，家乡是看得见的祖国，祖国是扩大了的家乡。”[134]孩子们对世界的爱就是从培养对家乡的爱开始，由近及远，由低到高，循序渐进，符合学生道德情感的培养规律。研学旅行不在于走得有多远，就从我们脚下的土地开始，把乡土乡情纳入研学旅行的范畴，有利于规范我国的海外游学市场秩序，扭转舍近求远研学旅行的本末倒置现状，对培养合格的文化交流使者具有重要意义。

2012年暑假开始，河北省启动百万大学生千乡万村“体验省情、服务群众”主题实践活动，着眼于服务经济强省和“善行河北”“和谐河北”建设，开创高校实践育人的新模式，精心打造活动品牌。各高校师生根据学校的专业特点，结合服务地的实际需求，开展形式多样的实践活动，如河北师范大学的走入中小学义务支教，河北农业大学的“农业科技服务乡村行”咨询活动，河北工业大学深入乡村、厂矿企业服务地方经济，河北大学的文化下乡、法律援助等实践服务活动，实践活动全方位深入开展。百万大学生在社会实践的大课堂中，通过开展丰富多彩的体验式教育，深化所学知识，增进对国情、省情的了解，加深与人民群众的感情，成为全省大学生思想政治教育工作的重要载体。搞好基本国情和形势政策教育是当代爱国主义教育的核心内容，不仅在大学生群体中，中小学生群体也应该开展体验乡情、县情、省情活动，通过国土与资源、人口与民族、社会经济发展三个主题研学，认清中国的基本国情，认识河北省的省情、县情、乡情，认识每一个国民肩上的重担，基本国情教育应该制度化、长久化。

河北省毗邻京津，在经济建设、文化交流、城市交通、旅游发展等方面都占有一定的便利条件。但京津对周边地区的吸附效应远大于扩散效应，人才、资源逐渐向京津集中，造成“空吸现象”，河北省与京津的经济发展差距拉大。深化认识河北省情，抓住京津冀协同发展的机遇，找准自身定位，加快与京津进行产业对接，促进三地社会经济协同发展。

第一，国土与资源研学。首先是自然状况，小学阶段主要了解所在地区的地理位置、国土面积、地形、气候条件等自然状况，认识到河北省内环京津，在全国“东出西联”“南来北往”的特殊地理位置；在京津冀协同发展战略和环渤海战略提出的背景下，中学阶段则要思考河北省如何找准自己的战略定位、如何对接京津产业。其次是资源状况，了解所在地区的土地、水、矿产、生物、海洋资源，认识到河北省是旅游资源大省，全国主要能源供应基地之一，全国粮棉油集中产区之一，中国北方重要的水产品基地等的资源战略地位；在了解资源现状的基础上，中学阶段则要考虑资源保护，现阶段突出的空气质量较差的问题，如何开展环境保护和整治工作。

第二，人口与民族研学。首先是人口状况，小学阶段主要了解所在区域的人口数量与分布，年龄与性别结构，城乡结构变化，认识到河北省是我国的人口大省、教育大省；人口众多带来的教育问题、就业问题、老龄化问题，随着城市化进程的加快，国民素质亟待提升的问题，这是中学阶段重点考虑的内容。其次是民族问题，小学阶段主要了解所在区域的民族及人口分布、民族政策和方针，认识到河北省内聚居有55个少数民族，世居的少数民族有满族、回族、蒙古族和朝鲜族，其中满族人口最多；少数民族聚居地方多是较为贫困落后的“山老边穷”地区，民族风俗习惯特点鲜明，随着改革开放和经济发展有逐渐被汉化的趋势，中学阶段则要考虑少数民族传统传承与发展，少数民族地区的经济发展问题。

第三，社会经济发展研学。首先是县域经济，小学阶段主要是了解所在区域的县域经济发展水平，了解本地区的主导产业和特色产业；产业是县域经济的命脉，立足自身，培养特色主导产业，把县域特色产业集群发育与县城发展结合起来，中学阶段则要思考如何选择特色产业，如何培养形成产业集群。其次是居民生活水平，小学阶段主要是对比所在区域目前与改革开放之初的生活水平，对比所在区域城乡生活水平的差距，认识到随着社会经济发展生活水平有所提升，但城乡二元结构也是现实存在的问题；中学阶段则要考虑河北省与其他省份的生活水平差距，与中西方的生活差异。然后是综合实力，小学阶段主要了解我国在全球经济一体化中的战略地位，中学阶段则更深入地了解国际竞争力的比较、国防能力的增强。

3.打造区域研学品牌

第一，打造红色太行研学品牌

太行山区革命圣地或遗址众多，承载和见证中华民族几千年兴衰历史，红色旅游资源丰富，好多传奇在这里流传开来，好多精神在这里得以延续，守候着大山的一代代太行人，勤劳朴实，传承“愚公移山”的精神，继续着太行奇迹。作为全国著名的五大革命圣地之一的西柏坡，享有“新中国从这里走来”的美誉；保定位于晋察冀抗日根据地的核心地带，是华北抗日主战场里的主战场，形成八大红色旅游看点，拥有六大爱国主义教育基地、六大红色旅游推荐路线。以西柏坡红色旅游区为核心形象，以保定为京津冀红色旅游重点打造城市，联合石家庄、邢台、邯郸三城市，共同打造“红色太行研学”品牌，推动河北省红色旅游和红色经典文化的繁荣与发展。通过研学旅行，让孩子们深入太行山革命老区，结合人物太行、山水太行，寻找革命战争年代的红色记忆，感受革命老区发生的翻天覆地的变化，记录革命老区现在的美好生活状况，传承太行精神，宣传河北省社会经济发展成就。

红色太行研学地点：平山县西柏坡中共中央旧址、涉县八路军 129 师司令部旧址、阜平县城南庄晋察冀军区司令部旧址、邢台前南峪抗大旧址、易县狼牙山五壮士跳崖处、冉庄地道战遗址、唐县的白求恩柯棣华纪念馆等全国知名的革命圣地或遗址。

人物太行研学对象：太行山上的新愚公——李保国，护山神王桂申，全国劳动模范前南峪村党委书记郭成志，63 年守护英烈忠魂的王文彬，与病魔抗争 20 多年并创造了贫困山区建设奇迹的“血癌书记”范振喜，太行山区开发的一面红旗王海红，抗日英雄左权、吉鸿昌、狼牙山五壮士等，国际友人白求恩和柯棣华，英雄母子白文冠和马本斋，英雄母亲戎冠秀和李杏阁，抗日小英雄王二小、海娃等英雄人物和先进形象。

山水太行研学景区：野三坡、白石山、白洋淀、嶂石岩、天桂山、驼梁山、五岳寨、抱犊寨、响堂山石窟、京娘湖、崆山白云洞、太行奇峡群、天河山等重点景区。

第二，打造燕山长城研学品牌

河北省境内现存长城以明长城最为著名，明长城的精华也集中分布在河北省，河北省是明长城途经距离最长、保存最完好、建筑最具代表性的省份。明长城横贯河北省北部，全长2000多千米，主要分布在秦皇岛、唐山、张家口和承德的部分县市，部分处于与京、津、辽、晋等省市交界处。明长城最具典型意义的砖石结构仅有1000多千米，只有200多千米在北京，其余绝大部分在河北省燕山地区。长城倚燕山中南部而建，大致沿燕山山脉走向。以线性长城实体为依托，结合河北省的长城旅游公路，把古长城资源连成一线，秦皇岛、唐山、承德、张家口四城市联合打造“燕山长城研学”品牌，利用长城旅游资源，带动沿线贫困地区进行产业调整、形成新的经济产业带。长城正经受着自然和人为的双重侵蚀，长城守护者几十年如一日地守护着长城，通过研学旅行，让孩子们深入燕山地区，循着长城的足迹，拜访他们默默无闻的日常事迹。长城的保护离不开长城沿线的百姓，他们的自发保护行为才能做到全面保护，让本地区的中小学生展开长城保护性研学，到沿途的村落进行保护宣传，人人争做长城守护者，传承长城的“工匠精神”。

长城的修筑与所在区域的自然地理环境具有不可分割性，在两千多年的历史长河中，长城早已与周围的自然地理环境、村落、居民融为不可分割的整体。2014年1月八省(区、市)旅游局(委)共同发起成立中国长城旅游城市推广联盟，旨在整合长城沿线省(区、市)旅游产品和市场资源，促进长城沿线区域旅游产品开发和旅游市场推广一体化进程，共同打造享誉国内外的超级旅游目的地形象，实现沿线资源共享、信息互通、市场共赢。2014年，国家旅游局组织长城沿线省(区、市)赴境外开展以“美丽中国，古老长城”为主题的系列推广活动，切实把长城旅游品牌打响，把长城旅游产品推向国际，促进“美丽中国”整体旅游形象的推广。通过对长城遗址的保护，带动沿线旅游资源的开发，带动沿线村落发展乡村旅游与休闲农业，建设美丽乡村，让中小学生深入燕山长城村落，感受乡村日新月异的变化。

（二）实践创新

实践创新主要是指学生在日常活动、问题解决、适应挑战等方面所形成的实践能力、创新意识和行为表现。创造和创新属于马斯洛需求层次理论中的自我实现范畴，是人的最高层次需求，创造和创新对人的成长具有极为深远的意义。学校教育的好坏取决于它是否具有足够的灵活性，是否能够为不同的具有创造性的个人提供独特的、适宜的环境。素质教育要以培养学生的创新精神和实践能力为重点，把创新思维和社会实践紧密结合起来，培养中小学生的创新意识、创新精神和创新能力。“实践创新”是“科学精神”的题中之意，科学精神要求实事求是，还要求永无止境地探索，包括“实践”“创新”之意，本部分重点谈劳动意识的培养和适合中小学生的小发明制作、生活技能创新。

1.培养劳动意识

国家倡导教育与生产劳动和社会实践相结合，培养德、智、体、美、劳全面发展的社会主义建设者和接班人。劳动教育应该贯穿于青少年的整个成长过程，培养青少年的劳动美德，养成长期劳动的习惯，培养过程中要有教师和家长的严格要求、正确引导，还要适时地激励和鞭策，让孩子们体会到收获的快乐和劳动的辛苦。要生存就要担当劳动的责任，作为青少年一代，要有基本的生活技能和劳动技能。勤劳与懒惰皆是后天形成的，是教育和环境造成的。学习的压力和父母的娇惯，使青少年普遍缺乏在生活中和社会上独立、自理的能力，应该到训练基地或生活训练营进行生活技能训练。开展“今天我做主”活动，脱离家长的日常生活服务，起床、叠被子、洗衣服、拖地、洗碗等内容由学生独立完成，锻炼中小学生的生活自理能力；开展“今天我们是朋友”活动，由学生们共同准备三餐，并对三餐的营养进行均衡搭配，共同制订一天的活动安排计划等内容，锻炼与其他同学的团队协作能力。利用身边的资源开展劳动体验，针对小学生开展“小小劳动者”活动，在平原农耕区开展“小小农夫”项目，在滨海渔区开展“小小渔民”项目，在草原牧区开展“小小牧民”项目，让孩子们参与日常的劳作，了解日常生活中的肉蛋奶、粮果是如何生产和种植的；针对初高中生开展“初级劳动者”项目，除了简单参与日常劳作，还要向当地百姓学习劳动的技巧，并适当开展主题性研究，争做“初级研究者”，围绕肉蛋奶、粮果的深加工，我国北方有哪些粮果作物以及它们的生长习性，有哪些饲养动物以及它们的生活习性等问题展开主题性研学。

2.物质创造与精神创新

爱因斯坦曾经说过，好奇心是科学工作者产生无穷的毅力和耐心的源泉。好奇心是推动青少年求知的重要力量，也是他们探索世界的重要方式。广大青少年在产生疑问、解答问题，产生新的疑问、解答新的问题的过程中，认识周围的东西越来越多，视野越来越宽广，头脑越来越聪明……科学精神就是要教会广大青少年如何思考，激励他们从小爱科学、学科学、用科学，培养创新精神和实践能力。可以结合形式多样的“小小科学家”项目，在小学阶段以博物学教育为范围，围绕生活科学开展；在中学阶段，则集中在专业科学精神的培养，围绕某方面专业知识作具体深入的研究。通过研学旅行开展的“小小科学家”活动，并不一定是有创意或创新的项目，也不一定要得出准确的结论，而主要是培养中小学生的科研态度和参与程度，是否能够全程参与，是否能够坚持完成观测；主要培养中小学生的科研素养和个人能力，对专业相关知识是否了解、了解多少。

以生活技能与社会实践为主题，围绕与青少年成长相关的事物展开研学，如“雾霾”“水浪费”“地球生病了！”等生态环境问题，又如“我为什么长得像爸爸妈妈”“动植物的繁殖”等与成长和遗传相关的问题。研学旅行带领孩子们到野外去看星星、月亮，充实“自然”课程的星空知识，引发对人与地球关系的思考；以科技与生产为主要内容展开研学，带领孩子们到生产一线，看机器人如何工作，看桥梁如何设计。通过研学旅行引发中小学生的思考，在思考的过程中引发对具体专业知识的创新、创意，把中小学生的创新小发明依托儿童科学节等活动在校园、社区进行展示，采用目前国际上比较前卫时尚的科学体验活动形态，培训学生们担当科学小老师提供趣味科学体验活动服务，将科学知识还原为最浅显的生活原理，为广大中小学生、社区居民呈现一个生活中的奇妙科学世界！

教学中的创造往往只被理解为“小制作”“小发明”等物质创造，而对精神上的创造、对运用理性探讨事物的本质和规律引导不够，因此未能展现出精神创造是科学的灵魂。这样的科学教育与造就创新型人才的要求相差甚远，难以适应未来社会的需要[120]。在学习前人研究成果的基础上，对学习和研究的事物要持有怀疑的态度、求异的观念、创新的欲望。创新就是否定以往习惯了的旧思维，换个角度思考，或从多个角度思考问题，最大限度地挖掘自身的创造潜能。

四、专题教育研学——与时俱进

改革开放之后，中国经济飞速发展，2002 年成功加入世界贸易组织，中国经济逐渐融入世界市场，作为最大的发展中国家，中国怀着平和之心漫步在国际舞台，以更加主动的姿态融入世界。近年来我国成功举办了大型的体育盛会，如亚运会、奥运会等，还有各种专业国际博览会，如 1999 年昆明园艺博览会、2010 年上海世博会等，展示了我国的强大国力，提高了举办城市的影响力。应主动、积极回应中国现代化建设的伟大召唤，紧扣时代脉搏，贴合河北省的实际发展状况展开专题研学。河北省紧邻京津，地缘相接，利用京津冀地区举办的大型体育盛会、专业博览会，及重大事件，开展类似追踪时事、了解国情省情的专题教育研学，专题教育研学要随着社会经济的发展而及时更换主题。

（一）城市马拉松

中国的马拉松比赛始于 1981 年的北京马拉松，2010 年全国马拉松赛事仅 13 场。随着公众健康意识的不断提高，跑步热潮席卷全国，民众对于跑步的热情空前高涨。2015 年国内马拉松赛达 134 场，2016 年共举办了 328 场马拉松及相关运动赛事，全年参加比赛的总人次达 280 万。除了传统公路跑赛事之外，还创新了山地马拉松、森林马拉松、沙滩马拉松、超级马拉松、女子半程马拉松以及马拉松接力赛、系列赛等多种形式。经过 30 多年的发展，中国的城市马拉松运动融合了群众体育、竞技体育、体育文化、体育产业等多层内涵，成为最受欢迎、最具影响力的群众性赛事，为增强人民体质、倡导健康文明的生活方式做出了积极的贡献。

目前，河北省的 11 个地级市都有举办马拉松赛，还创新了衡水湖国际马拉松赛、张家口康保草原马拉松赛、承德金山岭长城马拉松赛、邢台绿道马拉松赛等新形式，迸发出全民健身热潮。很多马拉松赛参赛者成为跑步推广者，全民健身的意识深入人心，马拉松赛成为举办地历史文化、风土人情、休闲旅游的展示名片，也是从功能性消费上升到精神消费的一个具体表现。河北省要利用各地的马拉松赛形成自有的文化，创新马拉松的形式，让马拉松走进每个人的生活，形成河北省的系列马拉松赛。

以马拉松赛为对象展开专题研学，中小学生根据身体条件可以参加迷你马拉松，掌握长跑的技能，达到强身健体、磨炼意志的作用；以马拉松赛举办为契机了解举办地的历史文化、风土人情，尝试把马拉松赛与当地自然文化资源相结合，产生拉动效应；围绕马拉松赛展开环保知识、马拉松文化等的知识竞赛，扩大马拉松的社会影响；中国社会创业热情高涨，以年轻人的活跃思维，寻找与跑步相关的创业项目。马拉松是消费升级的表现，反映出人民生活水平的提高、健康意识的提高，而年轻人天然就关注精神消费，要让广大青少年引领运动时尚。在未来，中国还需要更多高品质、成规模、有号召力的马拉松比赛。

（二）2022 年冬奥会

2022 年冬奥会，由北京承办冰上项目比赛，张家口承办雪上项目比赛。2017 年河北省体育工作会议上，局长何江海表示，河北省冰雪运动几乎是从零起步，北京携手张家口举办 2022 年冬奥会为河北省加快发展冰雪运动带来机遇和挑战。筹办和举办冬奥会，不仅能普及冬季运动知识，还能带动年轻人参与冬季运动。2016 年 10 月 19 日，在北京国家会议中心开幕北京首届国际冬季运动博览会，旨在助力北京2022年冬奥会，推动实现“带动3亿人参与冰雪运动”目标，传承奥运精神、展现冰雪运动魅力。

当前，河北省高水平运动员、教练员、科研人员严重匮乏，需要充分调动社会力量培养冰雪人才，2016年河北省体育局与河北体育学院、崇礼职教中心、哈尔滨体育学院、东北师范大学签订联合培养协议，2017年将积极推进与北京体育大学、哈尔滨体育学院等高等院校的合作，进一步提升专业人才队伍的规模和质量。河北省坚持普及和竞技并重，广泛开展冬季体育项目，让群众感受冰雪运动的魅力。在冰雪普及方面，河北省大力推进冰雪运动进校园、进社区，编制了冰雪运动教材，发布了国内首个省级大众滑雪等级标准，在2016～2017年雪季，组织开展了包括170余项内容的“健康河北 欢乐冰雪”雪季系列活动，精彩的国际国内赛事，丰富的群众活动，多样的青少年冰雪运动。从2015年起启动了“大好河山·激情张家口”冰雪季活动，2015年1月18日，张家口市在“世界雪日”来临之际，在崇礼县、康保县、沽源县及张家口市区同时举办冰雪活动，为少年儿童提供滑雪体验，推广冰雪文化，在张家口市中心河道内建起大型露天滑冰场，桥东区、桥西区及经济技术开发区也分别建起露天滑冰场，推广普及群众和青少年冰雪运动。崇礼富龙滑雪场每周二全天对当地居民免费开放，同时每个月还有两次针对当地居民的辅导课，鼓励崇礼的百姓参与滑雪运动。以冬奥会为契机，北京与张家口签订了多方面的合作协议，以冬奥会推动协同，以协同服务冬奥会。

河北省中小学生利用各地丰富的雪场资源，以参与冬季冰雪运动、感受冰雪运动文化为研学主题，学习运动健身知识，体验不同的冰雪主题场景，除了观、赏、滑等传统参与方式，还有互动体验、冬奥会知识展览等内容。探索冬季运动产业与信息业、休闲旅游、健康养老等现代服务业的融合发展，研究冬奥会召开对贫困地区的脱贫功效，探讨与交流雪场的运营管理、冬季运动人才发展、互联网+体育营销等专业主题，加快打造冰雪运动大省。

（三）河北省旅游发展大会

河北旅游发展大会，号称“河北旅游奥运会”，是由河北省委、省政府主办的集旅游开发、生态保护、文化交流、招商引资、经贸合作于一体的大型专题会议，从 2016 年开始，每年举办一次。大会实行申办制，由全省 11 个设区市和省直管县（市）以政府名义竞争申办。旅游产业发展大会是整合各方资源推动旅游产业跨越发展、推动经济大发展的有效平台，为当地旅游业带来政策扶持，也是城市形象展示的一张名片。2016 年 9 月，河北省首届旅游产业发展大会以“转变旅游发展方式，实现旅游跨越发展”为主题，在保定京西百渡休闲度假区举行，把新景区打造成为全省发展绿色产业的亮点，借势促进全市旅游业转型升级。作为全国首批优秀旅游城市的秦皇岛将于 2017 年 9 月举办第二届河北省旅游产业发展大会。

旅游业综合带动效益极强，具有改变区域整体面貌的推动力量，悄悄地对其他产业进行着“渗透”，旅游产业融合必将是未来发展的新趋势。河北省着力推进旅游业与其他产业的融合发展，如文化旅游、康养旅游、体育旅游、工农业旅游、教育旅游等多种新业态，把旅游渗透到各个产业、各个环节，培育新的增长点，满足旅游者的多样化需求。

“二战”后，旅游业被普遍视为恢复和发展经济的手段，我国很多省市也把旅游业作为主导产业或支柱产业进行培植。旅游业在带来正面经济效益的同时，也带来了对社会文化及生态环境的负面效应，文化的庸俗化、文化的商品化、文化的同化，以及对旅游环境的负面影响，引起多方高度重视，研究视角经历了从重视正面效应到关注负面效应，再到公平客观的评价，系统地看待旅游业所带来的影响。河北省自然资源丰富，文化底蕴深厚，旅游产品类型多样，拥有秦皇岛、承德等一批老牌优秀旅游城市，目前各地市都争相发展旅游业，广大中小学生在家庭出游或学校组织的旅行过程中，以旅游业为主题展开研学。了解旅行过程中的文明行为规范，做到文明出行，塑造国民高素质形象；了解旅游业对贫困山区的“造血式”扶贫，带动当地百姓就业，建设美丽乡村；每年黄金周期间都会出现游客扎堆出行的“人挤人”现象，探索旅游产品供给与需求之间矛盾的有效协调；了解旅游地的历史建筑及遗址、传统文化，在参观游览的同时探讨如何进行传承和保护遗产与文化；了解旅游业造成的环境破坏与生态退化等问题，思考如何在开发与保护之间有效平衡。

第十章　河北省中小学生研学旅行特点及流程

一、河北省中小学生研学活动特点

研学旅行是中小学课堂教学的延伸，要把学科教学内容与地区特色紧密结合，让学生在“游中有所学、在行中有所思”。研学旅行应依据不同年龄段学生的需求和心理特征差异而有所侧重，在孩子成长的小学、初中、高中阶段，形成系列化的研学旅行产品，研学内容要具有连贯性和层次性。

（一）连贯性

青少年的成长是一个连续社会化的过程，在整个青少年阶段要形成系列研学活动。不同的研学主题在中小学之间要有衔接，如大自然体验主题，针对小学阶段主要是认知研学，河北省地处北温带，带领学生去城市公园或市郊的森林公园认知动植物，出行前，首先了解北温带的气候特点，适合哪些动植物生长和生存，有哪些主要的物种，到达研学目的地后学生能顺利地辨认出这些动植物。针对初中生阶段主要是归纳研学，不仅仅是认识动植物，而是要对动植物的生长特性和规律能够进行归纳总结，在日常生活中能够进行仔细的观察，并与其他地区的物种进行比较。针对高中生阶段主要是深化研学，要了解人与自然的关系，人类的开发行为对自然的正负面影响，人类要尊重自然，要与自然和谐相处。只有对同一主题不断地、深入地研究，才能真正地认知某一问题和事物。

（二）层次性

核心素养的培养过程是一个由基础教育到高等教育的循序渐进的过程，从培养认识自我的能力到反思自我的能力，再到自我实现的能力的过程。借鉴弗洛伊德的意识人格理论和马斯洛的动机人格理论，不同阶段的培养和教育目标应循序渐进。在小学阶段，学生主要处于潜意识－本我的意识人格，表现为生理—安全需求的动机人格[135]，教育方式应该较接近学生的本能，要给学生们较为充足的玩耍时间和空间，尽可能地做到寓教于乐。在中学阶段，学生主要处于意识—超我的意识人格，表现为爱—尊重需求的动机人格[135]，重点是培养学生的道德感和正义感。在大学和研究生阶段，学生主要处于反思—自我的意识人格，表现为自我实现的动机人格[135]，这是人格发展的最高阶段，也是形成比较稳定的人生观和世界观的阶段，不仅要鼓励他们好好学习，更要敢于创新，展现自我。

随着孩子年龄的增长要增加研学的难度和深度，要体现研学活动的层次性。中国式教育，无论在生活上，还是在学习上，孩子过多依赖父母，再加上中国的独生子女一代，父母对孩子过多地溺爱，使之很难融入同龄伙伴群体。小学生，以小学四至六年级学生为宜，主要就近参观动物园、植物园或者科技馆，研学时间为1～2天，通过研学旅行进行认知实践，学习如何观察事物，认知自然与社会，主要锻炼孩子的独立生活能力、增强团队协作精神；教师不仅要关心学生学到了什么，更要关心研学旅行过程中的兴趣爱好与生活细节，使他们有安全感。初中生，以初中一、二年级学生为宜，则倾向于省内其他地区，采取寄宿制形式，研学时间为2～3天，通过研学旅行体验和实践课本中的知识，提高能力。高中生，以高中一、二年级学生为宜，则到周边省市乃至全国展开研学，研学时间为2～7天，主要进行自然体验或了解国家历史，还可以结合地区政治、经济、文化，增加职业体验，了解毕业后可能去的工作场所，为大学生活及未来就业作铺垫，促进其人格发展。有条件的学校尤其是私立学校，还可以组织学生进行出国研学。

二、河北省中小学生研学活动流程

中小学生对诸多事物都充满好奇心，充分利用中小学生的好奇心，在活动环节上有必要融入一定的教学环节，如研学前的准备性学习、研学中的参与性学习、研学后的总结性学习等，让中小学生在感知、体验的基础上形成主动观察和探索的能力。秉承“立德树人、实践育人”的教育思想，遵循孩子们的成长规律和教育发展规律，在项目设计中注重德、智、体、美、劳元素的注入，在研学过程中引导学生发现问题，为学生提供探究、解决问题的机会，从研学前的导引、研学中的深化到研学后的升华，构成一个全面的育人过程。

（一）研学前的准备：导引

研学活动开始前，学校要征集学生们的意愿，并通过书信、电话、聊天群、见面会等方式，告知家长研学旅行的意义、主题思路、相关历史文化知识、时间安排、出行线路及安全注意事项。研学旅行是带着问题和思考进行参观考察，在开学时把研学旅行的主题设计告知学生和家长，请家长协助在日常生活上加以引导。老师根据研学主题向学生推荐阅读材料，没有来过就不能真正地了解研学目的地，通过影视作品、阅读材料等了解研学对象，引起学生的兴致与好奇；学生可以预设问题，也可以根据主题选择一至两个研究对象，学生带着问题去研学，并注重日常素材的搜集，为家长提供参与学生成长的机会，让家长和学生一起成长和学习。

条件成熟的学校，对于高年级的学生，可组织学生通过自荐或竞选的方式获得队长资格，负责研学旅行活动中的日常管理工作；鼓励学生和家长自行设计研学路线，也可以由学校给定主题和研学目的地，由学生设计研学活动中的一切事宜，比如在哪里住，在哪里吃，吃什么，需要学生主动地解决食宿问题，充分发挥学生的主观能动性。

（二）研学中的参与：深化

研学旅行重要的不仅在于学，更在于悟，通过研学旅行对其产生潜移默化的影响。研学旅行要融合学科课程，可以是讲气候、讲地理，可以讲自然、讲生物，也可以讲历史、讲民俗，还可以是讲语文、讲生活，时间可长可短。研学旅行项目多种多样，参观博物馆、参与农业劳作、体验高科技、素质拓展训练等，可以结合地区特色灵活开展。然而多数 9～13 岁的小学生和初中生，不太明白参观的意义，对课本上曾经出现过的历史人物、历史事件的纪念场馆展览兴趣索然。针对小学生和初中生，以形式性的参与活动为主，引起孩子学习的兴趣，比如把涉及的历史文化知识变成题目让学生抢答，变成游戏让学生参与，融知识性、趣味性、参与性为一体；针对年龄较大的高中生，可以选择高校的历史学、考古学硕士或博士为青少年学生作专业讲解，体现专业性和创新性。要不断创新研学旅行的活动形式，除了看一看、听一听，要强化参与性、互动性，比如在研学手册上，在相关活动旁边写下自己的感悟，贴上喜欢的照片，留下绘画作品等；在特定景点拍摄照片充实教学资源库；采访当地艺人，挖掘民间手工艺精品；体验当地特色美食，比较不同地区的美食文化。在研学过程中，除了设置形式多样的参与、体验活动，还要引导学生展开讨论、互动交流，明确主题、深化主题，突出活动过程中的研学环节。

不是所有的景区景点都可以做研学旅行基地，研学旅行除了参观景点、科研院所、工矿企业，还要以此为切入点，走进当地人的生活，了解地方生活、文化习俗，与地方文化特色相结合，了解乡土乡情，增加学生的体验和感受。还可以组织研学团，走出景区，进入寻常百姓家，到农村与村民同吃、同住，包水饺、吃年夜饭，与农村学生、村民联欢、座谈等；学生通过体验得以研习茶艺、插花、烹饪等日常生活技巧，通过研习领略河北省各地丰富的非物质文化遗产，到丰宁学剪纸、到玉田学泥塑、到武强学年画、到永年学打太极拳、到吴桥学杂技，体验河北省丰富的非物质文化遗产，在游览玩乐的同时兼备体验的乐趣。

（三）研学后的总结：升华

研学活动行程的结束并非研学活动的结束，“走一走，想一想”，要让孩子们学会整理和总结旅行的收获和体验。在班级或年级内，选择专门的时间地点，专业教师带领孩子们静心梳理活动行程，开展汇报、交流、点评，巩固和提升每次研学成果。班级或年级交流后，精选学生的优秀作品，在学校或社区举行以摄影、征文、演讲、绘画等多种形式的主题宣传，如自然生态环保宣传、游客文明出行宣传等，对于高中生可以提交研究性学习报告，精选研究报告汇编成册，留待低年级的同学在此主题下深入开展研究。引导同学们用自己的方式记录下难忘的旅行，让旅行的内涵外延，让美好的记忆永恒。

组织部门也要不断地进行总结、提升，同一地区的学校之间要定期进行活动经验交流，推广优质的研学主题和线路，各地市教育局乃至河北省教育厅还可以组织研学旅行活动方案评比，在全省乃至全国范围内进行资源与经验共享。

第十一章　河北省中小学生研学旅行的运行保障机制

研学旅行在我国还算新生事物，因为升学、经费、安全、管理等众多问题因素，很多学校对研学旅行仍然保持观望态度，但还应看到研学旅行实践活动的积极意义。研学旅行的全面普及需要时间，可以从试点学校的试点班级开始。首先是在年级内以自愿的原则组织活动，学校向学生家长公布详细的研学旅行计划和收费标准，由学生自愿报名参加，并且由学校和家长签订自愿报名协议，费用收取和支出要公开、透明；也可以在相同年龄段以相同的兴趣爱好为出发点，由学生自愿报名参加，比如小学四至六年级的同学，初中一、二年级的学生，可以研学本地区的非物质文化遗产，可以走进工矿企业参观生产流程，也可以进行农家的劳动体验。通过试点年级积累集体研学的经验，然后再在全校范围内进行推广和普及。

研学旅行一般是集体出行，人员规模较大，再加之青少年群体通常年龄较低、行为观念不太成熟、群体活动可控性较弱，研学旅行的推行是一项极富挑战性的工作。又由于在校教师缺乏研学旅行的相关认识以及组织管理经验等因素影响，以学校为主办方和发起者，选择正规的研学旅行机构承办将是未来研学旅行开展的基本模式。研学旅行的顺利开展需要政府、相关部门、旅游企业、学校、家长的全面重视和通力合作，强化研学旅行的安全管理，探索研学旅行的运行保障机制至关重要，以更严苛的标准来对待研学旅行产品，以更慎重的姿态来组织和管理。

一、研学旅行的协调配合机制

研学旅行涉及教育、旅游、交通、餐饮、住宿等多个部门，学校与相关部门进行沟通协调，形成常态化、高效率的社会协作机制；理清各个部门的责、权、利，才能保障研学旅行顺利开展，政府支持、部门联动是河北省研学旅行工作开展的有力保障。只有教育部门重视、家长从资金和观念上支持，旅游部门或景区协助，才能共同塑造具有体验感的现场教育，成为学校教育的有益补充。

（一）建立研学旅行协调机构

推动研学旅行健康发展是政府和行业的共同责任。据了解，国家教育部、国家旅游局也都在研究研学旅行的推广工作方案。政府要通过倾斜性的政策推动研学旅行市场走向完善，搭建组织者与消费者之间的交流平台，推动青少年集体出行方面的法律法规建设，加强旅游市场监管。由旅游部门牵头建立多级别的、专门的研学旅行联合会，也可由教育部门牵头成立青少年校外教育联席会，成员包括宣传、教育、旅游、交通、卫生、发改、财政、公安等单位，对研学旅行活动进行管理、监督和指导，调动各种社会资源共同为研学旅行服务，得到企业的大力支持。教育部门主动协调其他政府部门和行业，主要负责制定全省及各地市中小学研学旅行方面的指导性文件，将学校的日常教育教学主动衔接研学旅行活动，纳入学校实践课程计划，增进学生对自然和社会的认识，形成研学旅行活动的常态化；积极组织研学旅行活动，推动中小学扩大研学旅行试点，注意发现研学旅行的典型、培育典型、推广经验，加强不同地域试点的交流互动。旅游部门主要负责将研学旅行纳入常规业务管理，整合各种旅游资源，为青少年学生开展体验实践活动提供场所和便利。鼓励符合条件的景区景点开展青少年学生科普教育和爱国主义教育，同时配备相应的接待设施，对学校的集体研学在门票价格、服务项目等方面区别于一般团队，对本地中小学研学师生给予门票免费，相对于外地研学团队，本地中小学生研学能够享受到更多优惠和便利；设计针对本地和外地学生、不同年龄段学生的研学旅行路线，编写适合不同层次学生接受能力的讲解词，做到“游”“学”兼得，在游中学、在学中乐。指导旅游相关单位切实做好研学旅行服务、接待工作，宾馆饭店为研学旅行的师生适当减免费用，本地企业为学生提供考察学习的条件，交通部门为研学旅行调配运力，甚至可以为研学旅行开行专列、专机，通过新闻等媒体部门加强研学旅行宣传力度，财政部门给予资金和政策支持，等等。

（二）成立研学旅行研究协会

由旅游企业和高校、中小学校共同成立专门的研学旅行研究协会，争取纳入河北省旅游协会范畴，成为河北省旅游协会的分支机构。协会负责定期组织相关的调查统计，为社会各界提供信息咨询服务；组织研学基地、研学旅行社、研学宾馆等的申报和评选，供各中小学校开展研学旅行时进行选择；每年对研学旅行工作开展好的单位、个人等进行表彰，进行专业细致的管理以及具体的监督和指导等。研学旅行研究协会是学校、市场、政府部门之间沟通的桥梁。中小学要针对研学旅行对在校中小学生及家长开展调研，了解他们对素质教育的看法，对研学旅行的要求，再根据教育教学规律进行汇总，反馈给旅游院校相关专业和旅行社。河北省的旅游职业院校及高校的相关旅游专业要加快研学旅行人才队伍的培养，提供研学旅行相关服务人员的培训工作，加快研学旅行的相关理论和实践研究。河北省的旅行社要注重与各类学校之间的交流，根据各中小学的反馈信息，设计并推出适合各年龄段、各类主题与乡情、县情、省情教育的研学旅行产品，解决研学旅行质量不高、游而不学、游学比例失衡的现状。

二、研学旅行的安全保障机制

国发（2014）31 号文件明确提出研学旅行要按照“教育为本，安全第一”

的原则组织，“安全重于泰山”，安全保障问题是学生家长和学校最担心的问题。开展研学旅行，提高中小学生的素质水平，安全问题是前提，也是保障。对研学旅行接待企业要严格管理，重点做好安全预防和控制工作，排查安全隐患，提高青少年工作者对意外损伤的警惕性。研学路线和主题、研学旅行社确定后，学校要派专人考察研学路线和内容，包括位置、环境、交通，以及可能的安全因素，重点考察目的地的活动内容、活动范围、活动时间等的安排，学校和旅行社对可能出现的安全隐患做好有效预防及应急预案，形成行之有效的事故处理、责任界定及纠纷处理模式。同时提高中小学生和家长的自我保护能力。研学前学校要开展安全教育、文明旅行教育，学生也可以利用班会、升旗仪式等组织专题教育；研学过程中带队教师和护送人员要明确责任，合理分工，带队教师要不断强调各项安全注意事项并及时提醒，随行家长志愿者也会协助为孩子们保驾护航；研学后要对本次研学活动进行及时的总结和反思。对于每一次研学旅行，学校要做到活动有方案，行前有备案，应急有预案。明确安全责任主体，细化安全过程，做好安全预警，政府通过专业化手段来解决安全保障等问题，从社会、企业、学校、家长四个维度为孩子们出行创造一个安全的环境，提供更多的安全保障。

另外，研学旅行在实际操作中面临的一个大问题就是相关法律法规的缺失，希望政府出台针对学生集体出行的法律法规，尤其是安全等方面的不可控因素的法律法规，划清多方权责关系，避免让学校承担无限的责任，保障学生、家长、学校和专业机构四方的权益。

（一）进行安全意识教育

旅行过程中的安全教育、文明旅行教育并非研学旅行所特需，在日常生活中学校和家长就要对学生们灌输和树立安全意识、文明意识，政府要深入社区开展安全防范意识、文明出行意识宣传教育，编印宣传手册，广泛开展媒体宣传，让孩子们掌握必要的安全常识以及处理突发事件的方法技巧，培养孩子们的自我保护意识、自我保护能力及良好的应急心态。

安全教育包括人身安全和财产安全教育两个方面。在“行”的方面，要求学生上下车要有序，不得推搡拥挤，车辆行驶中不得随便走动，上下车带好随身物品；在旅游景区做到走路不看景，看景不走路。在“住”的方面，入住时查看宾馆设施有无损毁，电子产品充电时要注意用电安全，洗澡时注意防滑垫的使用，出入要随手关门，不给陌生人开门，离开时要清点随身携带物品。在“吃”的方面，按学校和旅行社的要求就餐，不在景区内随意吃小吃，防止病从口入。

针对公民旅游中存在的主要不文明行为，对学生进行文明旅行教育。在参观游览的过程中要注意行为举止文明，在景区参观时，爱护文物，不乱刻乱画；不乱丢垃圾，保持景区清洁；井然有序地参观，认真听导游员讲解；按规划线路游览，不到未开放的区域参观，不得冒险攀爬，严禁下水游泳和野外生火；自觉保护景区设施，节约用水。在宾馆入住时，不得大声喧哗，不影响其他客人休息，用餐时要节约粮食，节约用水用电。出行前要系统介绍本次研学活动，如前往西柏坡爱国主义教育基地，介绍西柏坡的抗战历史和历史事件；前往北戴河集发生态农业观光园，介绍高科技农业和传统农业的区别；前往金山岭长城，介绍长城的建造过程，带着问题去旅行、在旅行中思考，尊重旅游目的地的文化习俗，有利于学生在旅行过程中更为深入地体会、感悟旅行的意义。

（二）购买旅游保险

旅游保险是针对旅行途中可能发生的各种意外所导致的一切意外死伤事故所做的保障，中小学要选择有资质的、正规的旅行社，最好是选用省市经过筛选、推荐的研学旅行社。旅行社向游客推荐旅游意外保险，并不强制购买，中小学生的研学旅行必须购买安全险及旅游意外保险，也可大力推行具有强制色彩的学校旅游责任保险。在选用保险时要考虑保险的保障期限与研学出行的时间是否匹配，通常情况下，旅游保险保障期限不应该短于出行时间；还要注意保险的责任免除条款，明确像攀岩、潜水、滑雪等热门高风险运动项目是否涵盖。随着研学旅行的普及，保险业的发展，会不断优化相关产品设计和服务水平，可以推行适合中小学生研学的专门旅游保险体系，供学校和家长选择[136]。

（三）实行研学旅行报批手续

为了保障学生的安全出行，学校做好活动策划、确定具有合法资质的研学旅行社后到当地教育部门报批备案，研学旅行所用车辆要到交警大队备案，提前一周审批。出行前都要开展安全培训，对研学活动的负责人、带队教师和研学学生进行讲解培训，旅行社也会安排专业的医护和应急人员随行。发生意外事故时，由现场总指挥及时向上级有关部门上报，带队教师负责控制在场学生，保护事故现场并及时报警。

不少家长认为，研学旅行是学校组织的集体活动，学校就要为孩子的安全负责，一旦出现问题，家长就会指责学校和社会监管不到位，另一方面出行过程中发生意外不可避免，学校的“无限责任”不堪其重。为了防止学生受伤，家长追责，有些学校不敢贸然组织研学旅行活动，甚至有些学校压缩、取消学生课间的室外活动，对孩子进行“圈养”，素质教育变成一句空话。只有把学校和教师从安全事故的“无限责任”中解放出来，才能保证学校组织研学旅行的积极性，应当制定学校、教师“尽职免责”的相关条款，研学旅行才能得到大力推广[137]。

三、研学旅行的经费保障机制

小学、初中和高中三个阶段为我国的基础教育阶段，其中小学和初中为实施义务教育的阶段，免收学费。近年来，政府对教育的投入不断增加，但从小学到高校，各种乱收费现象仍屡禁不止。2016 年 6 月，教育部等四部门针对 2016 年规范教育收费治理教育乱收费工作提出实施意见，其中任务之一就是规范各级各类学校服务性收费和代收费行为，严禁将教育教学活动、教学管理范围内的事项纳入服务性收费和代收费，严禁越权设立收费项目、未经审批收费或突破已经审批的收费标准收费。研学旅行涉及吃、住、行、娱等多方面花费，学校没有专项经费列支，如果向学生家长收费，学生及家长则质疑学校乱收费，活动开展缺乏资金支持。目前，试点省市普遍采用财政、学校、家庭共担的模式，“政府支持一点、学校自筹一点、家庭交付一点”，这在某种程度上会加重一些经济困难学生家庭的负担，也有可能会把家庭经济困难学生拒之“研学旅行”门外。学校可以先探索在班级、年级，甚至全校范围内征集，学生自愿报名的形式，探索出行之有效的模式再在全校范围内推广。研学旅行必须有比较稳定的财政支持，才能实现教育的平等性，河北省各地市要探索研学旅行的经费保障机制，给学校松绑，给老师减负。

（一）财政部门加大教育投入

近年来，河北省各级政府把教育作为民生之首，不断加大教育经费投入，认真落实教育经费“三个增长”，2014 年河北省教育经费总投入达到 1086. 17 亿元，同比增长 5. 74%[138]。把教育作为财政支出重点领域予以优先保障，协调教育、财政、税务、城建、金融等部门，落实一系列拓宽教育经费来源的政策，健全以政府投入为主、多渠道筹集教育经费的体制，建立稳定持久的教育经费投入增长机制。教育行政部门要根据研学旅行活动的基本需求，研究制定所需收费项目及标准，加大教育财政投入才能保障河北省实现基础教育均衡发展的目标。

（二）社会捐资助研学

近年来，河北省各地兴起社会捐资助学的典型，2006 年南方李锦记有限公司捐资兴建灵寿县岔头镇的寨南无限极海联小学，迄今为止，无限极（中国）捐建“无限极希望小学”“无限极海联小学”“无限极侨爱小学”共 20 所，每所学校都设有关怀小组提供持续关注；深州中学 2009～2010 年，近两年时间接受社会各界捐助及自筹资金达 227 万元用于优秀生和贫困生学习生活补助及奖励；2016年河北高远集团“青春守护点对点”捐资助学走进平山县。本着自愿无偿捐资的原则，广泛发动市民、村民、毕业校友和社会各界踊跃捐资兴教，奉献爱与责任来回报社会。成立学校教育基金会，设立专门账户进行管理，严格按照捐赠人要求使用资金，并及时向捐赠人反馈捐资使用情况。把研学旅行实践活动纳入教育基金会支出范畴，由教育基金会专项支出，优先满足家庭经济困难学生的研学费用支出；还可以向社会各界征集用车、用餐、住宿、参观、体验等公益服务项目，社会单位提供公益帮助，让更多的学生走出校园，通过研学旅行走进社会实践的课堂。

（三）对弱势群体学生的资助机制

研学旅行属于学校的实践教学范畴，本质上是一门课程，“教育面前人人平等”，如此这般家庭经济困难学生参加研学旅行的经费就成为一个现实问题。家庭经济困难学生由学校提供补助，学校要积极探索家庭经济困难学生所需经费补助项目及标准，还要积极探索对家庭经济困难学生实行半免或全免的优惠政策。如何认定家庭经济困难学生，谁能享受优惠政策，需要学校和教师严格把关。2014年我国推行精准扶贫的工作机制，为全国的贫困户建档立卡。首先，纳入河北省建档立卡贫困家庭的学生可以受助。其次，根据班主任对学生在日常生活和学习方面的表现，结合家访情况综合确定受助学生。最后，如遭遇2016年邯郸“7·19特大暴雨灾害”等突发性事件，造成的因灾致贫、因灾返贫家庭中的学生，在事件发生的1～3年内可以受助。家庭经济困难学生的研学费用从哪里来？第一，财政部门加大投入，对经济困难的学生进行专项资助。第二，可以从社会捐资的教育基金中列支，也可以由学生家长以公益服务的方式进行消抵。第三，可以发动本班、本年级、本校的学生采用互帮互助的形式共同分担。

四、研学旅行的科学评价机制

各级学校要逐步探索研学旅行与课程教学改革相联系，与校内课程、地方课程以及国家课程相联系，形成更有利于中小学生探究学习与创新思维的课程体系。研学旅行瞄准的不是学生单方面的考试成绩，不是单纯的知识，而是学生的健康发展和全面发展。教学活动评价就是对照教学目标，对教师和学生在教学活动中的表现以及由这些活动所引起的变化进行价值判断。研学旅行活动结束后要研究制定研学旅行活动的评价标准，从组织主体和参与主体两个角度进行评价。

（一）对研学旅行活动开展的评价

为了让研学旅行更好地为青少年成长服务，为了更好地开展下一次研学旅行活动，研学旅行结束后及时评价、总结是至关重要的。做任何事情都必须要有目标，教学评价的核心目标是为了了解教学活动的成效，首先要对研学旅行方案进行评价。在研学旅行活动的过程中，总会有一些突发状况，设想和执行总会有一些出入，对照研学旅行的活动方案设计、教学活动环节进行评价，检查是否有哪些环节需要修正，哪些方面需要加强安全隐患排查。适宜的教学目标和内容才能引发真正有效的教学活动，要检查研学旅行是否达到了教学目标。评价是否融入教育思维，学生在活动行程中能否全方位地体验，能否从中学习、体会到孩子成长中所需要的素质和快乐；评价教学思路是否清晰，教学环节的设计、提问的设计、操作的设计等是否符合教学内容实际，是否符合研学学生的实际，能不能激发学生的学习兴趣；评价选择的内容是否符合研学学生的年龄特点，是否是研学学生现阶段最需要学习的，而且是经过一定努力肯定能学会的内容；评价活动是否体现学生的主动性，启发动手、动脑、动口，多种感官共同参与活动；还要评价研学内容是否注重启发学生的求异思维、是否注重学生行为习惯的养成。其次要对研学旅行的执行情况进行评价，有没有增加一些计划外的活动内容，是在什么情境下发生的；是否调整原定方案内容，出于什么原因进行调整，这样合理与否；对于这些变化，出发前是否有应急预案。再次要对研学旅行的结果进行评价，就是对研学旅行活动的完成情况进行评价，是否全面完成预定内容。

学校研学旅行实践活动评价表

<table>
<tr><td>编号</td><td></td><td colspan="3">研学主题</td><td></td></tr>
<tr><td rowspan="2">评价项目</td><td rowspan="2">具体内容</td><td colspan="3">评价等级</td><td rowspan="2">综合评价</td></tr>
<tr><td>是</td><td>否</td><td>否的原因</td></tr>
<tr><td rowspan="4">执行方案</td><td>是否融入教育思维</td><td></td><td></td><td></td><td rowspan="4">学生评价：</td></tr>
<tr><td>是否有明确的研学主题、线路</td><td></td><td></td><td></td></tr>
<tr><td>是否与有资质的单位合作</td><td></td><td></td><td></td></tr>
<tr><td>是否有应急预案</td><td></td><td></td><td></td></tr>
<tr><td rowspan="3">执行过程</td><td>行程安排是否有删减</td><td></td><td></td><td></td><td rowspan="3">家长评价：</td></tr>
<tr><td>行程安排是否有调整</td><td></td><td></td><td></td></tr>
<tr><td>是否有突发事件</td><td></td><td></td><td></td></tr>
<tr><td rowspan="4">执行目标</td><td>是否达到研学目标</td><td></td><td></td><td></td><td rowspan="4">带队教师评价：</td></tr>
<tr><td>学生是否有转变</td><td></td><td></td><td></td></tr>
<tr><td>家长是否认可</td><td></td><td></td><td></td></tr>
<tr><td>带队教师是否满意</td><td></td><td></td><td></td></tr>
<tr><td rowspan="3">成果展示</td><td>成果是否有创意</td><td></td><td></td><td></td><td rowspan="3">学校评价：</td></tr>
<tr><td>是否进行经验交流、汇报</td><td></td><td></td><td></td></tr>
<tr><td>是否汇编成册建档</td><td></td><td></td><td></td></tr>
<tr><td>回头看看</td><td colspan="5">活动结束后，学校的经验总结及反思</td></tr>
</table>

每次研学旅行活动结束后，学校向参加研学旅行的学生征集作品，在学校范围内进行成果汇报展示，一方面是对研学旅行活动的宣传，一方面可以为学生搭建自我展示的平台。按年级或班级建立研学旅行档案，作为组织者，学校要从各个角度及时进行总结与反思，征集学生、家长及带队教师的意见，整理后进行归档，以便能够顺利地开展下阶段的研学旅行活动。小学阶段的研学旅

行档案是初中阶段开展研学旅行活动的参考，初中阶段是高中阶段的参考；研学旅行档案还可以是低年级学生在此主题下深入开展研究的基础。

（二）对学生实践能力的评价

研学旅行是通过集体旅行的方式组织学生走出课堂、走出校园，增进对自然和社会的认识，在实践的过程中加强自理能力、协作能力和创新精神的培养。学校作为研学旅行的组织者，更多考虑研学旅行过程中是否存在安全隐患，学生是否安全返回，以及活动在中小学之间产生的效应，但研学旅行不能只作为教育行政部门的政绩，研学旅行是为了锻炼学生的实践能力而组织，更重要的应是关注学生通过研学旅行学到了什么。通过对学生的研学行为分析，更全面地了解学生。在日常的学校教育过程中，教师只能看到学生在课堂上的学习表现，对于日常的行为习惯、生活自理能力、协作创新能力、各方面的兴趣爱好等往往无从知晓。比如在活动过程中，发现有的同学有随手扔垃圾的习惯，有的同学时间观念不强，有的同学就餐时有挑食的毛病、剩菜剩饭的习惯，等等；而有的同学表现出对某方面知识的兴趣，有的同学比平时课堂上表现得更积极，积极参与活动，积极帮助其他同学。通过对研学旅行过程中学生行为表现的观察，可以全面了解学生，可能发现学生的优点，也可能发现学生身上的一些不良行为习惯，使教师在日后的教学和活动过程中可以更加有针对性地引导和纠正。

教育部门要研讨制定评价学生研学旅行行为表现的相关标准，学校根据研学旅行活动开展情况，结合教育部门的标准研究切实可行、方便简洁的评价办法，将研学旅行评价纳入素质教育、社会实践活动的评价范畴，尝试义务教育阶段将研学旅行纳入学生综合素质评价体系、高中阶段将研学旅行纳入综合社会实践活动，探索将研学旅行评价装入学生成长记录。教师根据学生研学行为的表现并结合研学任务的完成情况，对学生进行评价并建立学生行为表现档案，班主任老师负责建档和整理相关内容、给予评价，联合相关专业教师共同激发学生的兴趣、纠正学生的不良行为习惯，做到真正的因材施教。一次研学行为对学生不会起到太大的影响，只有在学生的整个受教育过程中形成系列化的研学旅行活动，对学生整个成长过程中的行为表现进行系统的跟踪、形成各教育阶段的衔接指导，才能有益于孩子们的成长、成才。

对学生实践能力的评价是考查学生实践活动的重要环节，通过确认学生的活动进度、活动能力行为转化等的情况，对每次研学旅行活动进行认真总结。从动静结合角度看，更注重过程性评价；从师生关系角度看，更注重对学生成长的评价，学习动力、过程与方法、行为转变的评价，生命成长质量的评价。

学生研学旅行实践活动评价表

评价项目	具体内容	评价等级					综合评价
		A	B	C	D	E	
情感态度	积极参与活动						自我评价：
	主动提出活动建议						
	不怕困难和辛苦						
学习技能	会用多种方法搜集、处理信息						组员评价：
	活动方案设计与构思新颖						
	能够灵活借鉴其他同学观点						
实践活动	积极参与各项集体活动						父母评价：
	会与同学交往，乐于帮助同学						
	对班级活动做出贡献						
	关注社会发展意识						
成果展示	成果有创意						教师评价：
	绘画、摄影等多形式的汇报						
	小论文、调查报告						
研学旅行前的表现							
研学旅行后的转变							
回头看看	活动结束后，学生的感想、反思						

第十二章　河北省发展中小学生研学旅行的保障措施

一、研学旅行模式创新

河北省作为人口大省、教育大省，单一的研学模式很难适应多层次、多需求、多向度的社会需求，从学校需求角度、企业市场角度、校企合作角度等多维度构建研学模式体系，现有的模式将在实践中不断地得到完善，也会催生新的研学模式，多种模式相互补充、相互制约，才能形成健康良性的研学旅行市场，实现“旅游+研学”的有效融合。

（一）校企合作模式

由中小学组织研学旅行，需要花时间进行课程开发，但很显然在时间和精力上都力不从心。如果有专业的机构和部门开发课程体系资源包，各学校各年级根据需要选择并加以补充，可以解决课程开发的难题。研学旅行是在旅行的过程中达到求知、受教育的目的，只有学校与旅游企业之间通力合作，才能保证研学产品教育功能的发挥和旅行的专业性。第一层次是研学旅行市场供给方的合作。首先是本地高校相关专业之间的合作。河北省 11 个地级市分布有 118 所地方高校，专业教师每年从专业角度出发承担大量的国家级、省部级、市厅级科研课题。河北省拥有像河北经贸大学、河北师范大学、河北大学、燕山大学、河北旅游职业学院等知名院校的旅游管理专业，由旅游专业的教师牵头，联合与旅游相关的历史、地理、文学相关专业教师，把研学旅行作为研究课题，列入高校的教学、科研研究体系。其次是高校与旅游企业之间的合作。依托高校教师的科研课题，挑选本专业优秀学生，联系行业专家搭桥，与开展青少年教育旅游的本地旅游企业合作开发研学旅行项目。专业教师参与研学旅行项目的开发，结合旅游教育与教育旅游，与旅行社共同完成设计、开发、监督管理工作，并在项目的实施过程中给予指导。第二层次是供给方和需求方的合作。只有满足消费者需求的旅游产品才是适销对路的产品，高校与旅游企业的联盟与中小学合作，针对中小学生的需求展开市场调研，广泛征集中小学生及家长的教育需求，调整已开发设计的研学旅行产品。教育部门和旅游部门共同参与研学旅行发展之路，供需双方全力合作，共同打造满足青少年教育需求的高品质研学旅行产品。

（二）旅游企业细分市场模式

广州广之旅国际旅行社凭借多年的研学旅行运营经验，和专业的运作团队，总结推出了《修学旅行产品与服务标准》。南京锦之旅国际旅游有限公司多年来致力于为青少年的成长教育和快乐生活提供专业服务，创建了“锦之旅研学旅行”驰名品牌，为青少年健康教育提供丰富的研学旅行产品，成为青少年健康成长的专业机构。成立于2010年的北京中凯国际旅游股份有限公司始终耕耘于“教育+旅游”业务板块，多以亲子游学、社会实践活动等形式为主，开设“早学网”等研学旅行独立品牌，利用移动互联网连接教育和旅游，致力于“场景化教学”和“体验式教育”的研学旅行产品。游学夏、冬令营机构世纪明德在详细调研青少年夏、冬令营的安全风险基础上，专门编制了夏、冬令营安全风险数据库，2016年3月公示游学安全手册1.0版。大量致力于青少年教育的旅行社企业和教育机构从定义、服务、产品、接待、安全等方面对研学旅行进行了总结和创新，挖掘产品深度，延伸产品广度，加速研学旅行课程体系的创新研发，提升研学旅行产品的安全度、教育度、体验度和满意度，让中小学生在生活与实践中感知学习的意义、教育的价值，提升核心素养。

河北省和各地市的旅游局、教育局定期组织旅行社的申报、评审和推荐工作，由旅行社根据自己的主营业务范围自愿申报，教育局和旅游局从购买保险、车辆使用、人员配备、路线设计、内容安排等几个方面严格评审，推荐实力较强、安全有保障、具备一定资质和条件的旅行社进入研学旅行市场。依托河北省中国国际旅行社、河北康辉国际旅行社、石家庄国际旅行社（“我是小小践行家”品牌夏、冬令营）、秦皇岛海燕国际旅行社等旅行社的教育产品、夏、冬令营产品，积极研发中小学生的研学旅行产品，鼓励其积极申报研学旅行推荐旅行社。河北省旅游局牵头，联合研学旅行重点旅行社制定、发布河北省的《旅行社研学旅行服务规范》，规范旅行社的研学旅行服务。区县教育局从实际需求出发，结合本辖区地域特点，从被推荐的旅行社中选择确定旅行社和研学旅行方案。学校应加强与被推荐旅行社之间的沟通与合作，依据旅行社推荐的研学旅行方案，学校根据实际需求可与旅行社协商适当调整研学旅行方案；在确保安全的前提下，鼓励学校根据学校教育教学需求，制订新的研学旅行方案，依照河北省或本市中小学研学旅行的有关规定，再与旅行社沟通落实研学旅行活动；任何区县教育局不得选择未经推荐的旅行社参与研学旅行工作，被推荐旅行社在服务过程中，必须严格遵守《旅游法》等相关法律法规，在定价上要体现公益性和社会性，出行前要签订正规合同和协议，制定出行安全预案，确保研学旅行工作规范有序开展。

（三）景区的公益课堂模式

在我国应试教育体制下，学生及家长为追求优质教育资源而主动放弃与文化课无关的素质教育内容，再加上我国教育投入的城乡不平衡与地域不平衡，更加剧了对优质教育资源的争夺和升学的压力。另外，多数城镇工薪家庭的经济能力有限，尤其是广大农村家庭，学生在校期间的各项费用就已经成为家庭开支的负担，更不用说需要另付费用的研学旅行。研学旅行是由学校组织的集体活动，与同班同学乃至同年级同学共同生活数天甚至数周，难免造成盲目攀比，也容易造成学生在同学面前的炫耀。因此，由国家或地方政府出资、或倡导的公益研学成为必不可少的补充。

我国景区景点票价一直居高不下，景区的公益研学成为公益教育的重要内容。河北省现有 8 个 5A 级景区，分别是平山县西柏坡景区、承德避暑山庄及周围寺庙景区、保定野三坡景区、安新白洋淀景区、遵化清东陵景区、涉县娲皇宫景区、邯郸广府古城景区、保定白石山景区，实行免票制的只有平山县西柏坡景区，其余 7 个景区票价均在 80 元以上，高额的门票让很多对研学旅行抱观望态度的家庭望而却步。河北省 5A 级景区及其他各类景区大部分是开展爱国主义教育、皇家文化、历史文化、自然环境教育的绝佳场所，倡导景区景点在接待中小学生研学群体时实行票价减免，为我国的教育事业做贡献。承德避暑山庄博物馆从 2003 年开始，于每年的 10 月 22 日至 10 月 31 日对学生及市民开展为期 10 天的免费参观及义务讲解活动，至今已连续了 13 年。景区依托中小学生的研学旅行，可以开发针对老年群体、白领群体等不同群体的研学产品，形成景区的研学品牌，还可以通过景区公益研学开展口碑营销，从多角度创收。

景区的公益课堂除了在门票上进行适当减免之外，更主要应该体现在为指导教师和学生提供相关教育项目，这也是以后景区更深入开展研学旅行的方向。针对教师，提供实地考察的机会、提供相应的配套教学资料，聘请教师做客串讲解员、为教师职业发展搭建平台。针对学生，提供初级志愿者、网上志愿者和园区乐趣等多种形式的参与项目。比如对于森林公园，根据公园提供的初级护林员手册，通过在公园内捡拾垃圾、参与护林员项目，写作、绘画等一系列活动的完成来授予其初级护林员徽章；网上护林员项目则借助互联网完成，通过猜谜语、公园探秘、玩游戏、在故事中扮演角色等方式，让孩子们在快乐中学习新知识，并认识本区域的自然和文化遗产，观察和思考发生在森林公园及其周边的相关事件；园区乐趣，是孩子们的互相交流，在网上介绍他们在课堂和实地考察旅行中获得的相关知识。

景区作为一个旅游企业，讲求经济效益，国家和地方政府应对积极参与公益研学旅行的景区给予一定的政策优惠，或资金奖励，鼓励更多的景区加入公益研学的队伍中来。河北省和各地市旅游局联合重点景区编制发布河北省《研学旅行基地建设与服务规范》，引领全省研学旅行标准化工作的开展，定期组织研学景区的申报、评审和推荐工作，对研学旅行基地进行挂牌认证。由景区根据自身特色和内容自愿申报，旅游局严格评审，按类别进行等级的评定，比如历史文化类研学、自然风景类研学、非物质文化遗产类研学、建筑类研学、书画艺术类研学、民俗类研学、宗教类研学等，每个类别还要考虑和控制数量、考虑地区分布均衡，旅游局每隔 1～2 年筛选并发布研学旅行基地名单，定期向教育部门和学校推荐，实行动态管理。

（四）学校的实践教学体系模式

德国巴伐利亚州政府明确将研学旅行写入了当地的教育法，法国的《社会家庭法》明确了青年与体育部负责管理和监督暑期开放的各类未成年人活动中心。2008 年广东省把研学旅行列为中小学必修课，广州市把研学旅行纳入学生综合实践课程，珠海市也将研学旅行纳入正常的学生实践课程。学校根据课程实践教学需求，提出研学主题，明确研学目标和要求，向旅行社定制符合本校学生需求的研学旅行产品。确定接待旅行社后，由旅行社广泛征集学校、学生和家长三方的意愿和建议，严格按照研学旅行的服务标准，以提高学生综合素质为己任，为学生量身定制研学旅行线路和内容。旅行社也要根据学校教育的需求，招聘有教育专业背景的导游人员，并进行相关业务培训，在常规旅游产品的基础上增加教育元素，与景区、工矿企业、博物馆等单位进行合作，结合区域特色设计丰富的研学旅行产品体系，纳入学校的实践教学体系，供本区域内的学校选择。随着素质教育的普及和深入开展，纳入实践教学体系的模式在实施过程中将逐渐得到完善。

二、研学旅行产品研发创新

（一）与研学旅行配套的其他教育类产品

根据国务院有关文件要求，游学活动大致可分为两类，在学期内进行的游学活动为研学旅行，在学期外进行的游学活动为夏、冬令营。学期内的研学旅行活动由学校统一组织，在学期期间安排，实施时段有限，每个学期只能实施一到两次，频次较低，对旅游行业及旅游企业发展存在一定掣肘。学期外的夏、冬令营活动，还有近几年开发的春秋游产品，根据学生个体的兴趣和时间自愿报名，在寒暑假进行，采用主题式、营地式等形式，或由父母一同参与的亲子式，专注末端客户资源开发。学期内与学期外的相关研学产品形成有力的补充，旅行社和接待单位一方面可以进行公益接待，安排在旅游淡季游客稀少的时间，另一方面学期外的研学活动可以满足接待单位的经济效益。

（二）与高校教学相衔接的研学旅行产品

专家表示，高等院校具有四大功能，即教育、科研、社会服务、文化传承功能。长期以来，在我国高校中有大量的科普场馆、实训场馆仅为本校师生的教学、科研工作服务，使用效率不高，造成了教育资源的闲置与浪费。如河北师范大学新校区博物馆包括天地科学馆、生命科学馆、艺术馆、文物馆和校史馆，石家庄经济学院地球科学博物馆，河北经贸大学中国发票博物馆，由原历史系文物室和生物系动植物标本室合并而成的河北大学博物馆，河北科技师范学院的生物标本馆等，都是依托学校的优势专业而建，汇聚了省内乃至国内的著名专家学者，而且承办书画展、艺术沙龙展等，成为中小学开展素质教育、科普教育的校外第二课堂。因此，可利用高校丰富的教育教学资源，开发具有地方文化传承、传统文化展示、科普科学体验等的研学旅行产品，扩大高校的社会服务功能。

（三）与京津地区联合的研学旅行产品

2015 年中央提出供给侧结构性改革，2016 年中央又研究供给侧结构性改革方案，旅游业是供给改革的重要方面。每到黄金周、小长假，景区游客爆满，表现出旅游供给总量不足，但更突出的是结构性问题。依靠“老祖宗”“老天爷”留给子孙后代的人文、自然旅游资源，依靠对景区景点开发的门票经济，已不能实现旅游业的转型升级，必须加快实现从景点旅游向全域旅游的转变。2016 年国家共公布两批全域旅游建设试点 262、238 家，共 500 家，河北省有 3 个设区市、14 个县（市、区）进入创建名单。京津冀山水相连、文化同源，借助全域旅游试点建设，加大旅游资源的整合力度，必须充分发挥河北省文化底蕴深厚的优势，强化与京津休闲旅游同质异源的互补功能，差异化定位，联合开发京津冀的研学旅行产品。

2016 年 11 月 8 日，河北省旅游委公布了“京畿福地 乐享河北”的河北旅游形象主题口号，河北省的研学旅行产品首先服务本省的中小学生，进而开发京津的中小学市场。借助京津丰富的人文旅游资源，以及在国外的研学客源市场，形成京津冀的研学产品体系，共同吸引全国乃至国外的中小学生到此地开展研学。

（四）丰富研学旅行产品的研学范围

“吃、住、行、游、购、娱”被称为旅游六要素，是旅游活动所需的六个支撑要素，也是旅游产业的主要载体和发展的内在动力，是旅游产业发展的支撑体系。大众旅游时代，激发人们旅游的动机和体验要素越来越多，“商、养、学、闲、情、奇”成为吸引游客的新的兴趣点，使得旅游六要素中“游”的分类更加多样化。其中“学”是指研学旅游，包括修学旅游、科考、培训、拓展训练、摄影、采风、各种夏令营冬令营等活动，开展研学旅游要积极培育“文、商、养、闲、情、奇”等相关的新业态和新产品，丰富研学旅行产品的供给。景区景点不是研学旅行的唯一吸引物，山区的原始村落、自然养生之地、别出心裁的酒店、创意的餐饮，都可成为吸引物。河北省地大物博、资源类型丰富，修学的魅力还未更大程度地释放，做好公共服务设施的配套，设计符合中小学生需求的研学产品，将研学旅行做成扩大河北省旅游内涵的引线，推动旅游产业链条向纵深拓展。

三、编制青少年研学旅行手册

研学旅行是校外教育的重要载体，与课程内容相对应，要将“研学旅行”课程化，研学旅行是课程教学的重要组成部分。让孩子们带着问题、带着任务去研学，做到心中有“研学”；还要让孩子们手里有“研学”，知道“去哪里”“怎么去”“做什么”，即专门的专业教材——研学手册。研学手册要充分考虑“游”与“学”的双向需求，既要注重青少年的知识性获取，还要满足青少年求新求异、游乐、审美等旅游心理需求。如长城资源研学，让学生在攀爬长城的过程中挑战自我，强身健体，在研学手册上可以了解长城的建造、长城的军事历史，欣赏长城风光摄影图片，到长城后裔村落体验民俗民情，对长城的发展脉络有一个清晰的认知。

（一）地区研学手册

由教育局和旅游局牵头，组织旅游相关专业教师、旅游行业专家及中小学教师共同组成同盟委员会，共同研发、设计研学旅行项目。旅游行业专家了解本地旅游资源、掌握市场动向，旅游专业教师熟知线路设计及市场规律，中小学教师了解青少年学生的身心特点和求知需求，充分发挥各自专业优势，将旅游教育与教育旅游有机结合，共同编制研学旅行指导书。中小学生的研学旅行，从研学家乡开始，首先由中小学教师和旅行社共同研发所在县市的研学资源，再与旅游专业教师共同研发 11 个地级市的研学产品，自下而上地梳理研学资源，编制研学指导书。结合地区特色，或与周边县市形成本地区或全省的研学基地，如唐山、石家庄的工业研学，唐山、秦皇岛的海洋研学，邯郸的历史文化研学，坝上地区的古村落研学，燕山地区的长城研学，太行山地区的抗战历史研学，京津冀的皇家文化研学。各地区有各地区的研学指导书，首先服务本地区的中小学生，让孩子们了解自己的家乡；到省级层面进行资源汇总，形成省内的研学品牌，从乡情县情到省情，研学范围越来越广，视野越来越开阔。赵州桥、狼牙山、地道战、西柏坡……这些出现在教科书上的地名你知道来自河北省的什么地方吗？跟着语文课本走进燕赵大地，亲身体验祖国山河之壮丽，感受战争年代的艰苦，县市级编制成《跟着课本游家乡》指导书，精选各县市的经典景区景点与社会实践基地编制成《跟着课本去旅行·河北篇》指导书，跟着课本，行游天下！其中《跟着课本去旅行·河北篇》要区分省内青少年和省外、国外的青少年受教育者，形成两套或三套研学方案。

（二）景区课堂研学手册

并不是所有的景区景点都适合开展研学旅行。适合开展研学旅行的景区景点，要针对青少年求知的特点开发系列研学旅行产品，根据青少年成长需要设定丰富的“游学体验”活动，把景区变成青少年研学的课堂，争取建成青少年的研学基地。青少年研学市场潜力巨大，景区应主动迎合市场需求，利用景区的淡季开展研学旅行活动。河北省旅游资源丰富，可以借助“国字号”的旅游资源开展类型多样的景区研学：第一，保护生物多样性的自然保护区研学。以河北省 13 处国家自然保护区为重点开展自然保护类研学旅行，如昌黎黄金海岸国家自然保护区、兴隆雾灵山国家自然保护区、围场红松洼国家自然保护区、衡水湖国家自然保护区等。第二，保护人类重要自然和文化遗产的风景名胜区研学。以河北省 10 处国家级风景名胜区为重点开展风景名胜类研学旅行，如承德避暑山庄外八庙风景名胜区、秦皇岛北戴河风景名胜区、嶂石岩风景名胜区、太行大峡谷风景名胜区等国家级风景名胜区。第三，进行自然保护和生态文明建设的森林公园研学。以河北省 26 处国家级森林公园为重点开展森林资源类研学旅行，如前南峪国家森林公园、古北岳国家森林公园、海滨国家森林公园、塞罕坝国家森林公园、野三坡国家森林公园等。第四，保护地质遗迹景观的地质公园研学。以河北省10处国家级地质公园为重点开展地质资源类研学旅行，如涞源白石山国家地质公园、秦皇岛柳江国家地质公园、阜平天生桥国家地质公园、承德丹霞地貌国家地质公园、邢台峡谷群国家地质公园等国家级地质公园。第五，保护文化遗产景观的文化景观研学。以河北省的5座历史文化名城、8个历史文化名镇、12个历史文化名村为重点开展名城、名镇、名村的文化遗产类研学旅行。河北省拥有承德市、保定市、正定新区、邯郸市、山海关区5座历史文化名城，拥有像蔚县暖泉镇、永年县广府镇、邯郸市峰峰矿区大社镇、井陉县天长镇等国家级历史文化名镇，还拥有像怀来县鸡鸣驿乡鸡鸣驿村、清苑县冉庄镇冉庄村、邢台县路罗镇英谈村、磁县陶泉乡花驼村、阳原县浮图讲乡开阳村等国家级历史文化名村。第六，以传承非物质文化的文化遗产研学。以河北省的148项国家级非物质文化遗产项目为重点开展非物质文化遗产研学，如蔚县剪纸、井陉拉花、永年武氏太极拳、武强木版年画、玉田泥塑、吴桥杂技、唐山皮影戏，依托当地的重点村落建立文化生态保护实验区开展研学。

为了服务研学市场，景区可以针对本地研学群体和外地研学群体分别设计研学手册。在产品设计上，突出景区的体验感和差异化；在基地创建上，精选景区讲解员重点培养成研学导师；与旅行社合力设计出一系列的研学产品，推出适合学生群体、亲子群体、白领群体、老年群体等不同群体的，各类主题与乡情教育的研学旅行产品。针对青少年的活动手册，要明确研学活动安排及安全须知，设计研学手记、探究反思、活动剪影等板块内容。其中“研学手记”板块，可以在景点或活动项目介绍旁边留出空白，让孩子们边走边想，将现场的所思所悟记录下来；可以对行程中的景点知识设置思考题，根据学科知识设置思考题，供学生们展开讨论。

（三）博物馆课堂研学手册

在法国，博物馆是进行爱国主义教育的重要示范基地。作为四大文明古国的中国蕴藏有非常丰富的地面和地下文物，各类博物馆应运而生。河北省作为燕赵文化的发祥地，孕育了大量的文物资源，创建了大量的专业文化博物馆，如河北省博物馆、河北省民俗博物馆、西柏坡国防教育馆、山海关长城博物馆、承德避暑山庄博物馆、承德红山文化博物馆、保定直隶总督署博物馆、邢窑文化博物馆等，反映了河北省的发展历史。11 个地级市在各自的社会经济发展历史中，形成了与地方产业相吻合的专业博物馆，如中国唐山地震博物馆、开滦国家矿山公园博物馆、秦皇岛玻璃博物馆、秦皇岛港口博物馆、河北海盐博物馆、燕郊航天博物馆、中国武强年画博物馆等。

河北省博物馆分布

地级市	著名博物馆
石家庄	河北省博物馆、河北省园博园、地球科学博物馆、石家庄铁路博物馆、石家庄民间工艺博物馆、河北省民俗博物馆、河北省钱币博物馆、西柏坡国防教育馆
秦皇岛	山海关长城博物馆、秦皇岛鸟类博物馆、秦皇岛玻璃博物馆、秦皇岛港口博物馆、北戴河博物馆、中国航标博物馆
唐山	唐山市博物馆、中国唐山地震博物馆、世界非物质文化遗产唐山皮影展厅、开滦国家矿山公园博物馆、中国水泥工业博物馆
承德	承德避暑山庄博物馆、承德红山文化博物馆
张家口	张家口市博物馆
廊坊	中国管道博物馆、古陶瓷博物馆、世界华人收藏博物馆、燕郊航天博物馆
沧州	河北海盐博物馆、河北盐业博物馆、矿山公园博物馆
保定	保定直隶总督署博物馆、保定华夏画院
邢台	邢窑文化博物馆、中国羊绒博物馆
邯郸	邯郸博物馆
衡水	衡水内画艺术博物馆、中国武强年画博物馆

博物馆是非营利的永久性机构，对公众开放，为社会发展提供服务，以学习、教育、娱乐为目的。在相当长的时间里，博物馆及其内部陈设的文物并没有被当作旅游产品，而仅是作为研究和教育的手段。传统博物馆往往给人“高高在上、离普通人很遥远”的印象，公众很容易将冷漠、生硬、灰暗

以及禁止拍照、禁止临摹等与博物馆联系起来。博物馆以陈列展示大规模的文物藏品为主，展品中规中矩地躺在玻璃展柜中，一般通过文字传达展品的基本信息，标示如展品名称、年代、发现地点等基本信息的文字说明牌，一般的旅游者很难具备相当的专业知识，很难对展品内涵的大量信息有更深刻的认识和了解，无形中降低了展品的观赏性，这种信息传播方式显然无法满足游客的需求，更无法吸引青少年的学习兴趣。

根据国家文物局博物馆与社会文物司的统计，截至2008年年底，全国共有博物馆2970座，其中包括文物行政部门所属的国有博物馆2161个，非文物行政部门所属的行业性国有博物馆490个，民办博物馆319个，是1978年的8倍，1949年的138倍。2008年年初，全国博物馆免费开放全面启动，博物馆融入社会的步伐得以加快，博物馆的文化辐射力和社会关注度得到空前提高，公共文化服务能力和社会效益得到进一步增强。截至2009年年底，文化文物系统1447个博物馆、纪念馆和全国爱国主义教育示范基地全部实现免费开放，约占文化文物部门归口管理博物馆纪念馆和全国爱国主义教育示范基地总数的76%。随着全国博物馆、纪念馆、美术馆、公共图书馆、文化馆(站)免费开放的力度不断加大，这种公共福利惠及越来越多的民众。有些省份博物馆观众增量达到免费开放前的数倍，观众结构也呈现多元化趋势，其中低收入群体、老人、外来务工人员和残疾人等观众群体明显增加。

博物馆是征集、典藏、陈列和研究代表自然和人类文化遗产的实物的场所，并对那些有科学性、历史性或者艺术价值的物品进行分类，陈列内容较为固定，形式比较单一。借助博物馆的活动场所积极举办多种临时性的展览和活动，临时展览的“动”与基本陈列的“静”相结合，内容专一，时间较短，且经常更换，形成多样化的博物馆产品。针对游客，尤其是青少年学生，增设参与性的活动和项目，通过互动的方式引发青少年的共鸣及深层思考，延长逗留时间，激发游览兴趣。博物馆内的设施应向游客提供休憩的场所，在休憩场所内，可提供茶水等日常生活便民服务，以及信息发布平台，介绍近期活动、展览情况，同时提供足够空间出售各种旅游纪念品。通过建立博物馆网站，向旅游者提供必要、充分、及时的信息资讯，增加可进入性，提高游览和参观频次，及旅游者对展品的参观欲望。

四、构建多层次的研学导师体系

普通旅游活动中的导游一般是在参观游览中为游客进行讲解和翻译工作，耐心解答游客的问题，重点介绍景区景点的特色、典故、传说等，起到导览的作用。目前，研学旅行市场产品参差不齐，除世纪明德等专业研学的机构外，旅行社组织的夏、冬令营多是由导游带队，虽然具备专业的讲解能力和丰富的专业知识，但缺乏教育学生的专业性。急需旅游部门和教育部门联合加强研学旅行师资队伍的建设，加大对旅行社导游、研学辅导员、学校带队教师、家长义工及相关管理人员的培训力度，建立一支包括专业导师+导游+研学辅导员+家长义工在内的研学旅行师资队伍体系。

培养学生核心素养的关键在于教师的水平，教师的素养在很大程度上决定了核心素养能否在教育实践中真正落实[139]，当前的教师很可能难以适应培养学生核心素养的师资要求，培育与提高教师的核心素养必须引起高度关注。研学旅行采取互动式、体验式教学形式，为学生创造了一个展示自我、与导师交流的平台。研学旅行活动成功与否，能否保证研学质量、能否实现研学目标，关键在于研学引导与活动组织设计，而研学导师的选择和培养则至关重要。研学旅行需要熟知教育规律的研学导师，边讲边问，引导学生去发现问题，学会思考；研学旅行需要知识丰富的研学导师，熟知建筑、园林、景观、宗教、民俗、工业、农业、科技等多类知识；需要专业性的研学导师，精通某一领域的专业知识，如建筑学、考古学、经济学、民俗学等，在研学过程中，有研学导师的指导和年长学生的帮助，才能寓教于乐，才能真正把“游”与“学”融合到一起。很显然，普通的导游很难担此重任，需要发挥本地资源，构建多层次的研学导师体系。导游负责行程安排及讲解，研学导师负责组织和开展主题活动，大学生研学辅导员辅助导师开展活动并维持秩序等，只有高水准的专业研学旅行从业队伍，各级导师通力配合，才能保证研学旅行达到既定目标。

（一）专业研学导师

依托河北省的名师资源、高校的在读硕博士资源，组建专家库。在一些专业性较强的知识领域，如生物学领域、考古学领域、建筑学领域、高科技领域，需要“既懂专业、又会讲解”的专业人员为学生进行知识讲解。这方面专业人才的培养最快需要3～5年的时间，另一种途径就是吸收社会资源。一是退休的专业教师或教授发挥余热，他们具有精深的专业知识和丰富的教学经验，是最佳的社会资源；二是从各地方高校的相关硕博士专业中招募讲解员，他们刚刚经历青少年教育阶段，正在研学本专业的最前沿知识，稍加培训就可以为研学活动所用。参与青少年的研学活动，一方面使在读硕博士的求学能够打破理论研究的局限，结合河北省实际深入研究，还可以使所学专业知识发挥业余的利用价值，为青少年未来的专业方向发展服务，为专业发展储备年轻力量。如河北农业大学、河北科技师范学院的农学院系的专业教授和硕博士生辅助中小学生深入太行山、燕山山区，到田间地头、到老农家里，了解农作物的生长，体验农耕劳作，熟知地区农作物和特色产业，了解农业发展和国家农业政策。如河北工业大学、燕山大学及相关院校的工科专业教授和硕博士生辅助中小学生走进河北省的工矿企业，参观企业的生产流水线、高科技研发部门，让学生了解生活日用品的生产环境及生产过程。如河北师范大学，及各地方师范院校的教授和硕博士生辅助中小学生走进河北省的知名高等学府，走进城镇或乡村的学校，让城镇或农村的学生体验不同的教学方式。

（二）导游

作为组织旅行活动的代表者，安排落实并做好吃、住、行、游等各项服务的接待工作，负责沿途的讲解任务，处理可能出现的各类问题，协调与各相关服务单位之间的协作关系。针对青少年研学旅行市场的需求，河北省的各地方高校应鼓励支持发展相关学科，培养出兼具丰富的专业能力与实践经验的研学导游，相关导游培训机构也应当加强对专业研学导游的培养，为研学旅行的发展提供人才支持。河北省地方高校 118 所，80%以上的学校都设有与旅游相关的专业，根据青少年研学旅行市场的这一个需求变化，尤其是像河北旅游职业学院、河北旅游管理中等专业学校等专业旅游院校，应培养专业的研学旅行导游，服务地区研学旅行开展。

（三）研学辅导员

在北京大学、清华大学等高等学府开展的暑期学府游，每年都会在在校生中招募义务讲解员，为青少年进行具体地点的讲解和指引。从河北省各地市的高校中招募旅游等相关专业的优秀本专科生，做兼职研学辅导员。在校大学生，刚刚经历青少年学校教育阶段，与中小学生年龄相近，容易沟通交流，辅助专业研学导师开展主题活动，组织同学们每日汇报、交流，全程陪同。今后可把研学辅导员的招募范围扩大到历史学、地理学、生物学、经济学、农学、工学等更多专业领域的学生。

（四）家长志愿者

在美国，志愿者遍布每个角落，由美国最早兴起的家长义工可以成为中小学生素质教育的有益补充。在欧美一些国家和我国港澳台地区，家长义工曾有过许多有益探索，在我国称为家长义工或家长志愿者，“家校合作”成为教学改革的重要组成部分。家长来自社会的各行各业，他们可以利用职业优势和社会经验优势，为学生构建认识社会的桥梁，如精通剪纸、泥塑手艺的家长为学生开设剪纸课、泥塑课，带领学生到民俗村进行考察学习；文化馆工作的家长带领学生参观博物馆、艺术展览；医生家长可以随行提供医疗服务；由个体经营者家长带领学生到造纸厂、养猪场、染织厂等进行调查和采访；一起去工厂体验劳动过程，去班级的自留地里种菜，到野外体验生存……在研学旅行过程中，家长义工可以联系研学目的地，也可以参与安保、引导、服务、医疗卫生、应急救援和通信保障等内容，为实践活动陪护导航。建立研学旅行家长义工全程参与机制，家长义工活动采用定期和不定期两种，可以评选优秀义工，召开总结表彰会予以奖励，举行优秀家长义工经验交流会[140]。义工队采取开放模式，每一位家长可以自愿申请加入，自愿而无偿地尽时间、知识、技能等能力为孩子们创造一个安全、健康的成长环境。

家长义工通过参与研学旅行，可以全方位、零距离地了解孩子的行为表现，发现孩子的兴趣点，积极配合支持学校开展素质教育，培养学生正确的生活习惯和社会适应能力，家校之间真正形成教育合力。2012 年 4 月，东莞市凤岗镇“家长义工参与学校管理实践及研究”被列为中国教育学会家庭教育专业委员会“十二五”重点科研课题，探讨家长参与学校管理，探索“家校合作”可持续发展的制度性平台。家长参与研学旅行，作为“家校合作”的途径之一，缩短了学校与家庭、社会之间的距离，更有效地实现了学校教育、家庭教育、社会教育之间的无障碍沟通。

五、家长对研学旅行的客观评价

由不同机构推出的不同价位、不同线路的研学旅行产品宣传铺天盖地，在选择研学旅行产品时，家长和学生更加疑惑：研学旅行到底能带来什么？又该如何选择？教育局和旅游局应积极组织管理，制定行业规范，业内形成合理的市场规则，媒体正确宣传引导，促使家长学生形成对研学旅行的理性、客观认识。

从家长角度看，很多人都愿意放假的时候带孩子出去旅游，家长还是很认可研学旅行的方式的。随着经济收入的提高，越来越多的家长舍得花钱让孩子得到更好的教育，乐于为孩子建立一个良好的学习环境。研学旅行不同于以往零散的修学游，不同于家长和学生自发参加的夏、冬令营，也不仅仅是突出某一项教育功能，是在学生受教育阶段的系列化研学，是小学、初中、高中阶段的有效衔接，将来还要实现与大学阶段的衔接。伴随修学、研学人数的增加，家长不清楚、学生不了解，造成相互之间的盲目追捧，盲目地参加旅行社的相关教育旅游活动，促使产品价格水涨船高。组织机构良莠不齐、产品质次价高、行程安排“重游轻学”，以及孩子的攀比心理，形成了颇具特色的“中国式游学”。

一方面是部分家长对教育的盲目投资。“望子成龙，望女成凤”，是每个中国父母的追求，家长表现出对孩子教育的极度关注。得益于改革开放 30 年，人们生活水平、收入水平不断提高，越来越多的父母更关注孩子的受教育环境，从幼儿园阶段的兴趣班，到中小学阶段的课程外辅导，再到高中阶段不惜血本为孩子请名师家教提高学习成绩；为了接受优质教育资源付出高额的名校择校费，甚至高收入阶层的家庭表现出对国外教育的消费欲望。只要是认为对孩子的成长有益的活动，兴趣班、辅导班、以“教育”为幌子的旅行活动，不加甄别，家长都会全盘接收，甚至有的家长不征求孩子的意见，盲目报名参加，这是在中国应试教育体制下形成的恶性竞争，但是家长对孩子受教育的盲目投资往往事倍功半，对孩子的成长不会真正起到作用。另一方面是部分家长对教育的质疑。研学旅行在一定意义上属于个性化定制产品，价格普遍较高，家长很乐意让孩子通过旅行的方式达到学习的效果，但对价格比较敏感的家长，对学校是否有乱收费的问题存在质疑。部分家长认为研学旅行只是徒有虚名，没有任何实际意义，只是学校乱收费巧立的名目。部分学生曾经参加过类似的旅行活动，产品价格高昂但研学质量并不高，对活动效果不佳存在质疑。无关乎政府政策好坏与否，普通百姓不认可也是徒劳的。只有让家长了解研学旅行对孩子成长的影响作用，让家长不排斥这种研学方式，再从形式和价格上进行调整，才能让家长真正接受和支持研学旅行。

有些学生在研学旅行的过程中，习惯于有事联系家长，由家长出面解决，甚至有的家长要陪同孩子参加研学旅行活动。研学旅行不是亲子游，家长并不随团，也不需要家长的陪同，旅行中的生活杂事都需要学生自理。中国式教育，从小开始陪读，现如今又延伸到陪同研学，有必要吗？研学旅行还有意义吗？研学旅行就是要锻炼学生的独立生活能力、培养团队协作精神，家长就应该放手让孩子去尝试，不要事事代劳，不要事事插手。

参 考 文 献

[1] 谢丽惠，赵恒伯."游学"现象的经济学分析及国际人才培养[J]. 江西社会科学，2014（10）：56-60.

[2] 刘香民.中国古代游学的历史考察与反思[D].济宁：曲阜师范大学，2010：1-8.

[3] 张华.论语通译[M].延吉：延边人民出版社，2009：108.

[4] 方勇，张晨霞.庄子闲读 [M].上海：汉语大词典出版社，2003：444.

[5] 刘巍.古人游学和现在有啥不一样[N].山西晚报，2015-7-3.

[6] Belle Wei，Jacob Tsao.Global technology initiative study-tour to Aisa at San Jose State University[J].Amarican Society for Engineering Education，2007（1）：87-96.

[7] Kitson A L.Approaches used to implement research findings into nursing practice: Report of a study to Australia and New Zealand[J].International Journal of nursing practice，2001，7（6）：392-405.

[8] Johnson D M，Mader D D.Internationalizing your marketing course: The foreign study tour alternative[J]. Joural of Marketing Education，1992，14（2）：190-199.

[9] Lange S M.Online study tour. China and US: The feasible future for all institutions[D]. Minneapolis: Capella University，2007.

[10] 杜林娟.合肥市中小学修学旅行市场特征及开发策略[D].合肥：安徽大学，2014：4-18.

[11] 张其惠，王鉴忠.修学旅游研究述评[J].辽宁经济管理干部学院，辽宁经济职业技术学院学报，2010（6）：41-42.

[12] 王传武，牟连印，刘晗，等.曲阜修学旅游资源开发研究[J].济宁学院学报，2014（3）：87-90.

[13] 刘桂芬.东莞国旅青少年修学旅游产品设计与推广研究[D].长沙：中南大学，2013：9-11.

[14] 杨艳利.研学旅行：撬动素质教育的杠杆——访上海师范大学旅游学系系主任朱立新教授[J].中国德育，2014（17）：21-24.

[15] 陈非.产业发展与理论缺失：修学旅游价值形态研究[J].理论月刊，2010（8）：177-179.

[16] 郭又荣.浅析青少年修学旅游产品开发[J].湖北广播电视大学学报，2010（6）：122-123.

[17] 张玉红，王素然，李扬.应试教育的历史沿革及利弊分析[J].教学与管理，2007（18）：52-53.

[18] 刁雅俊.开放办学：打破“圈养”的围墙[N].中国教育报，2014-12-4.

[19] 章兆钧.开放办学让学校更具活力[N].中国教育报，2014-9-30.

[20] 曾博伟.旅游业转型升级的战略性思考（上）[N].中国旅游报，2009-7-10.

[21] 索生安.专项旅游产品开发策略探析[J].科教导刊，2012（6）：222-223，235.

[22] 陈非.修学旅游初论[J].大连海事大学学报（社会科学版），2009（4）：88-91.

[23] 窦群，田大江.市场是催生旅游新要素的根本动力[N].中国旅游报，2015-7-13.

[24] 魏小安.魏小安：全域旅游面面观（上）——解读全域旅游[N].中国旅游报，2015-12-1.

[25] 张江舣.“万世师表”陶行知[J].教育，2011（2）：50-51.

[26] 赵洪涛.对现当代教育产生重大影响的三位教育家[J].校长阅刊，2004

（9）：14-16.

[27] 陈清莲.陶行知教育思想对校园文化建设的启示[J].民办高等教育研究，2009（2）：39-41.

[28] 刘惊铎，姚亚萍.生态体验理论的原创性学术价值域[J].中小学德育，2015（7）：4-5.

[29] 刘惊铎.生态体验德育的实践形态[J].教育研究，2010（12）：91.

[30] 赵仲琳.放生态体验之水 浇灌研学旅行之花[EB/OL].（2015-09-30）中国生态体验教育网，http://www.stty.net.cn/lilun/ShowArticle.asp? ArticleID=3177.

[31] 李先锋.旅游的社会教育功能开发研究——以甘肃四个景区的调查为例[D]. 兰州：西北师范大学，2007：1，10-11.

[32] 李爱萍，王晓宇.终身教育理念的新解读：多学科的视角[J].现代大学教育，2008（2）：32-37.

[33] 陈晓红，赵新峰，高宏志.论终身教育思想的形成和发展[J].河北大学成人教育学院学报，2000，2（2）：25-27.

[34] 施容.实现生态文明的一种途径研究——生态旅游的教育功能视角[D].泉州：华侨大学，2015：16.

[35] 丁运超.研学旅行：一门新的综合实践活动课程[J].中国德育，2014（9）：12-14.

[36] 滕丽霞，陶友华.研学旅行初探[J].价值工程，2015（35）：251-253.

[37] 周杰，赵红妍.学校德育实践育人的有效途径——基于研学旅行的探讨[J].中心政治教学参考，2016（18）：70-71.

[38] 白四座.修学旅游：如何“游”“学”相长？[J].中国经济周刊，2008（25）：30-31.

[39] 阎照祥.17～19 世纪初英国贵族欧陆游学探要[J].世界历史，2012（6）：74-84，160.

[40] 许璐.16～18世纪英国贵族大陆游学研究[D].武汉：华中师范大学，2015：

18-24.
[41] 王昆欣.国外研学旅游特点及启示[N].中国旅游报，2015-6-24.
[42] 邱庆生.权威发布：2016年中国游学市场发展报告[EB/OL].（2016-6-19）旅游舆情，http://www.xiangmuku.net/news/content-990.html.
[43] 日本:修学旅行长知识[N].北方新报，2010-2-9.
[44] 裴军.又是修学旅行时[N].中国青年报，2010-7-16.
[45] 研学旅行“玩”出大智慧[N].重庆日报，2015-7-15.
[46] 曹志伟.日本的中国修学旅行市场展望[J].旅游行业导刊，2003（2）：74-77.
[47] 张俊，古风，卢凤萍.日本来华修学旅游市场特征及发展策略研究[J].北京第二外国语学院学报，2011（7）：72-79.
[48] 张同彤.海外游学值不值？看日本如何开展“修学旅行”[EB/OL].（2015-7-30）中国日报网，http://www.chinadaily.com.cn/interface/toutiao/1138561/2015-7- 31/cd_21450597.html.
[49] 杨生，司利，张浩.日本修学旅游发展模式与经验探究[J].旅游研究，2012（4）：25-29.
[50] 曹晶晶.日本修学旅游发展及其对中国的启示[J].经济研究导刊，2011（4）：134-136.
[51] 王静.让暑假来得丰富多彩些[J].今日教育，2011（Z2）：92-93.
[52] 韩国政府叫停修学旅行[N].华尔街日报，2014-4-23.
[53] 受沉船事故影响韩国中小学春季修学旅行遇冷[EB/OL].中国新闻网，http://www.chinanews.com/gj/2015/03-26/7161498.shtml.
[54] 郝定嘉.关于在西安高校开发修学游市场的可行性及实施策略研究[J].西北工业大学学报（社会科学版），2011（6）：96-98.
[55] 蒋丰.日本学生“修学旅行”给予中国启示[N].日本新华侨报，2011-8-2.
[56] 文红，孙玉琴.对开发修学旅游市场的思考[J].怀化学院学报，2005，24（1）：50-54.

[57] 丁敏，杨飒.论我国修学旅游的发展现状及对策[J].商业时代，2010（17）：118-120.

[58] 李卫.修学旅游——待“挖掘的富矿”[N].陕西日报，2004-4-16.

[59] 郭文斌.能“中国式修学游”的学生也是少数[EB/OL].（2013-8-12）南海网，http://www.hinews.cn/news/system/2013/08/12/015936171.shtml.

[60] 刘益.旅游业产业功能和产业地位的理论思考[J].旅游学刊，2007，22（10）：7-8.

[61] 张广瑞.旅游真是产业吗[J].旅游学刊，1996（1）：68-70.

[62] 臧丽莎，师守祥.旅游功能的异化与回归[J].桂林旅游高等专科学校学报，2008，19（3）：317-320，325.

[63] 石群.中国旅游业的功能转换及意义探析[J].宁波大学学报（人文科学版），2013（5）：105-109.

[64] 李先锋.旅游的教育功能研究综述[J].边疆经济与文化，2008（12）：24-26.

[65] 蓝力民，利志勤.教育旅游——广东从化科技与环境教育旅游实证研究[J].国土与自然资源研究，2005（4）：77-78.

[66] 杨崇君.研学旅游产品的“五双”特性及其对应要素[N].中国旅游报，2015-10-23.

[67] 王蔚蔚.合肥将推出十大“必购商品”打造研学旅行“合肥模式”[N].合肥日报，2016-01-04.

[68] 叶琦.合肥中小学试点“把课堂搬到校外”在旅行中学习[N].人民日报，2013-10-31.

[69] 凌浩.研学旅行学习：安庆一中示范样本[N].安庆日报，2014-4-16.

[70] 邓月娟.西安已有600余所中小学参与研学旅行试点[N].陕西日报，2015-11-24.

[71] 李怡.研学旅行可以走得更远[N].华商报，2016-7-17.

[72] 李继君.“中国学生发展核心素养”出炉[N].现代教育报，2016-9-21.

[73] 李凌.清华附中奥森校区组织研学旅行 着力培养学生核心素养[N].中国

教育报，2016-10-13.

[74] 田东娜.浅议旅游教育功能的发挥[J].重庆工学院学报，2005（1）：71-72.

[75] 丁敏，杨飒.论我国修学旅游的发展现状及对策[J].商业时代，2010（17）：118-120.

[76] 严惠学.青少年教育旅游市场分析及品牌化运作要求[J].商情（教育经济研究），2007（4）：116.

[77] 樊未晨，杨子龙.出国游学无底洞：到底是收获大还是太坑爹[N].中国青年报，2015-04-13.

[78] 苏莉鹏.“高校游”到底谁影响了谁？[N].城市快报，2012-8-10.

[79] 孙莹.中国红色旅游的教育功能研究[D].西安：长安大学，2007：2-6.

[80] 刘晓静，梁留科.国内科普旅游研究进展及启示[J].河南大学学报（社会科学版），2013（3）：49-55.

[81] 李绍刚.浅析科普旅游开发[J].科技资讯，2006（15）：195.

[82] 叶新才.生态旅游环境教育功能的实现途径研究[J].四川环境，2009（3）：54-57，70.

[83] 孟明浩，顾晓艳，章健.生态旅游的生态教育功能的实现[C]//首届长三角科技论坛——生态环境与可持续发展分论坛论文集，中国杭州，2004，10：215-219.

[84] 赵航.休闲农业发展的理论与实践[D].福州：福建师范大学，2012：21，30-36.

[85] 吴建冰，李作华. 桂林旅游资源的社会教育功能探析[J].商业经济，2013（12）：62-64.

[86] 张丽敏.生态建设是京津冀三地协同发展的前提[N].中国经济时报，2016-7-15.

[87] 尤海舟，蔡蕾，贾成，等.生态旅游中的环境教育[J].四川林业科技，2010（3）：89-93.

[88] 牛月景，杨大为.浅谈都市休闲农业的科普功能[J].文化产业，2014（7）：

56，62.

[89] 钱春弦.我国明确中小学生研学旅行“乡土乡情”特征[EB/OL].（2014-08-21）新华网，http://news.xinhuanet.com/2014-08/21/c_1112178881.htm.

[90] 赵幼芳.试论我国国内旅游的青少年学生市场[J].旅游学刊，1996（4）：33-35.

[91] 刘亚力.左靖远.觊觎K12世纪明德难跨三道坎[N].北京商报，2016-5-10.

[92] 刘胡权.青少年社会教育的本质探析[J].中国教师，2011（9）：15-19.

[93] 翟开矿.河北：鼓励有条件单位实施“2.5天小长假”[N].燕赵晚报，2015-11-12.

[94] 段栩雯.秦皇岛市依托本地资源探索研学旅行开展体验教育[N].中国教育报，2017-1-10.

[95] 冒浩文.面对升学压力素质教育能走多远[N].人民日报·华南新闻，2002-9-26.

[96] 王庆环，杨丽娟.中学生体质堪忧再敲警钟 升学压力致政策落地难[N].光明日报，2012-11-17.

[97] 由雪.浅析我国青少年社会教育[J].考试周刊，2009（36）：218-219.

[98] 姚月霞，王明雪，郑首君.全国研学旅行研讨会在河北邯郸市落下帷幕[N].中国报道，2015-10-1.

[99] 张斌贤，丁钢，陈玉琨，等.教育学基础[M].北京：教育科学出版社，2002.

[100] 李跃军.浅论王士性的旅游观[J].台州师专学报，1999（4）：49-51.

[101] 许宗元.孔子思想与旅游文化[J].山东大学学报（哲学社会科学版），1995（4）：59-61.

[102] 胡博理.河北省级以上爱国主义教育基地6年接待观众逾5500万[N].河北日报，2010-1-26.

[103] 郭瑞.爱国主义教育基地的教育功能研究[D].南宁：广西师范学院，2012：

8-13.

[104] 霍晓丽.河北省国家级爱国主义教育示范基地增至 19 处[N].河北日报，2014-11-8.

[105] 李修松.新增国有公共博物馆纪念馆应纳入国家免费开放经费补助[EB/OL].（2016-3-3）中国经济网，http://www.ce.cn/culture/gd/201603/03/t201603 03_9255638.shtml.

[106] 涂慧敏.高校智育过程中德育功能的探究[D].西安：西安理工大学，2009，3：1-5.

[107] 郄磊.河北石家庄中小学生健康测试　高中生体质最差[N].燕赵都市报，2011-1-8.

[108] 杨玉红.中小学生体质测试报告：压力致孩子学龄越长体质越差[N].新闻晚报，2012-6-6.

[109] 靳晓燕. 变身“宅男”“宅女”大学生运动生活成稀有[N].光明日报，2012-9-5.

[110] 顾涓.专家建议：应建立青少年校外体育辅导员制度[N].人民日报，2015-12-4.

[111] 文艺美学丛书编辑委员会.蔡元培美学文选[M].北京：北京大学出版社，1998：174.

[112] 傅晓微，王毅.论旅游的审美本质及其美育功能[J].河南教育学院学报（哲学社会科学版），2014（5）：28-32.

[113] 齐亚萍.论旅游的美育使命[J].天津商学院学报，2002（6）：60-62.

[114] 许宗元.旅游美育导论[J].安徽教育学院学报，1994（4）：98-102.

[115] 许长发.劳动教育是人生第一教育[N].中国教育报，2015-5-6.

[116] 周红松.河北平泉县建设实践基地助力农村教育发展纪实[N].中国教育报，2013-3-21.

[117] 成尚荣.核心素养的中国表达[N].中国教育报，2016-9-19.

[118] 阚如良，王桂琴，周军，等.主题村落再造：非物质文化遗产旅游开发

模式研究[J].地域研究与开发，2014，33（6）：108-112.
[119] 吴国盛.科学精神的起源[J].科学与社会，2011（1）：94-103.
[120] 梁树森.论科学精神的培养[J].教育研究，2000（6）：51-53.
[121] 吴国盛.反思科学讲演录[M].长沙：湖南科技出版社，2013.
[122] 亚里士多德.《亚里士多德全集》第7卷[M].苗力田，译. 北京：中国人民大学出版社，1993：30.
[123] 马衍营.思维科学视域下博物学教育的作用[J].通化师范学院学报，2010（9）：24-26.
[124] 刘华杰.博物学应当在高等教育中站稳脚跟[N].中国社会科学报，2010-2-25.
[125] 王潇雨.健康素养：社会文明的标尺[N].健康报，2016-11-18.
[126] 时堪，仲理峰.青少年学生社会适应能力的自我培养[J].中国青年政治学院学报，2001，20（6）：28-31.
[127] 廖明英.中国儿童青少年社会适应能力研究现状[J].四川教育学院学报，2006（2）：16-17.
[128] 门洪华.全球化与中国国家认同[N].中国社会科学报，2013-7-26.
[129] 陈旭霞.燕赵文化脉理探析[J].中华文化论坛，2004（3）：84-88.
[130] 马春香.燕赵文化的传统内涵与当下解读[J].河北大学学报（哲学社会科学版），2013（1）：153-156.
[131] 李季.浅谈扩招背景下的高校爱国主义教育[J].长春教育学院学报，2012（8）：109-110.
[132] 嘉定区 18 家爱国主义教育基地完成标准化建设[N].嘉定报，2014-9-15.
[133] 潘晨聪.宋庆龄故居纪念馆：以系统化教育活动方案满足多样化需求[J].上海教育，2015（31）：30.
[134] 蔺子武.简论地方史教学[J].兰州教育学院学报，1989（1）：49-50.
[135] 陈晓平.基于健全人格的学生核心素养培育[J].今日教育，2016（2）：20-21.

[136] 李晨阳.选准保险，让学生暑期旅游更安心[N].经济日报，2016-8-5.
[137] 瞿玉杰.推进研学旅行应加强顶层设计[N].中国旅游报，2015-4-8.
[138] 王敬照. 河北省 2014 年教育经费总投入增长 5.74%[N].河北日报，2015-10-30.
[139] 当教育指向核心素养——教师该如何应“变”[N].人民日报，2016-11-24.
[140] 柯进.家长义工给学校带来了什么[N]. 中国教育报，2013-8-24.